청소년을 위한

존엄성 수업

청소년을 위한 존엄성 수업

차병직 지음

동화로 풀어보는 행복한 인권 이야기

바다출판사

차 례

마음의 옷을 갈아입고

사람이 산다는 것은 다른 사람들 사이를 지나가는 일이다. 내 삶이 시작될 때 내 삶의 목표가 정해진다. 어느 순간 스스로 목표를 결정하기도 하고, 안개가 걷히며 나타나듯 목표가 생기기도 하고, 특별한 목표 없이 조용히 지내는 것을 목표인 양 삼기도 한다. 삶은 그곳을 향해 걷거나 뛰어가는 과정이다. 목표의 뒤쪽 어디쯤에는 죽음이 있다.

목표를 향해 가는 삶의 길은 고속도로일 수도 오솔길일 수도 있지만, 언제나 다른 사람들로 붐빈다. 그 많은 사람들 사이를 통과해야 목적지에 도달할 수 있는데, 그들은 결코 내 삶의 장애물이 아니다. 가까이 멀리 오가면서 내가 가는 길에 영향을 미치는 다른 사람들은 나의 환경이면서 동시에 나의 한 부분이다. 나만 가는 것이 아니라 그들도 저마다 자기 길을 따라 움직이므로, 서로가 서로에게 방해가 되지 않고 도움이 되도록 노력해야 한다. 그것이 인간의 의무다. 그래서 인간을 사회적 동물이라 한다. 물론 사람이 아닌 동물도 나의 환경, 나의 일부이다. 그 광경을 바라보는 식물도 바람도 돌멩이도 너의 일부, 너의 환경이다.

다르게 표현하면, 인간의 생활은 타인과의 관계다. 헤아릴 수 없이 많은 사람들과 부딪치거나 부딪치지 않게 피하며 제 갈 길을 가는 것이 인간의 존재 이유다. 사람은 다른 사람들과 관계를 맺으면서 소중한 것을 경험하고 발견한다. 행복, 존엄 같은 보이지 않는 가치를 느끼고 얻는다. 그것이 인생이라는 여정의 에너지다. 자기에게 필요한 만큼 확보하지 못하면 가야 할 길을 가지 못하는 연료다.

우리는 인생이라는 길의 작은 부분이 되는 동네 골목길을 잘 걷기 위해서 운동을 한다. 규칙적으로 운동을 하면 육체적 건강을 얻게 되고, 건강의 힘으로 유쾌하게 하루하루를 보낸다. 그런데 튼튼한 뼈와 적당한 근육 그리고 그것이 합쳐 보여주는 몸의 유연성만으로는 부족하다. 정신의 건강도 필요하다. 정신의 건강을 위한 운동도 해야 한다. 정신 건강 운동은 육체 건강 운동이 그러하듯 여러 방법이 있다. 그중의 하나가 인간의 가치에 대한 생각을 자주 하는 것이다. 자주 한다는 것은 훈련을 말한다. 훈련을 하면 정신의 근육이 생긴다.

정신과 육체의 힘이 균형을 이루면, 사람들 사이를 지날 때 그들의 가치와 나의 가치를 선명히 깨닫는다. 가치의 형태와 비중을 알게 되면 삶을 여행하는 길에서 아무리 많은 사람들과 부딪치고 스쳐도 방해가 되지 않고 도움을 주고받을 수 있도록 만들 수 있다. 내가 도움을 받고 싶을 때 기다리지 말고 내가 먼저 타인에게 도움을 주는 것도 좋은 방법이다. 실제로 가능할까라는 의문이 드는 일은 당연한데, 그 질문에 대한 대답도 정신의 훈련을 통해서 얻을 수 있다.

그런 생각으로 나보다 어린 친구들에게 훈련을 위한 안내서로 17년 전에 쓴 것이《사람답게 아름답게》였다. 그때 쓴 머리말은 여전히 유효하다. "사람답게 사는 것이 무엇이냐고 스스로 질문하고 대답해 보자는 의미다. 우리는 사람으로서 품위를 잃지 않아야 한다. 어떤 일을 당해도 너무 화를 내어 추하게 보여서는 안 되고, 지나치게 당황하여 우스꽝스럽게 비쳐도 곤란하며, 슬프다고 절망할 필요가 없고, 기쁘다고 방심할 일이 아니다. 우리는 나름대로 가치를 가지고 살아야 한다. 세상에 절대 옳은 것이 없듯이 절대 그른 것도 없다는 사실을 염두에 두고, 빈둥거릴 때도 이유를 댈 수 있도록 여유를 가져야 한다. 우리는 항상 다른 사람들과 사회 전체를 생각해야 한다. 내가 아닌 다른 모든 사람들의 처지를 헤아릴 줄 알아야 하고, 나쁜 사람과 좋은 사람의 구별이 함부로 할 수 있는 일이 아니란 점을 새겨 두어야 한다. 그리고 우리는 가능한 겸손한 태도를 습관으로 지녀야 한다. 유리한 지위에 있다고 오만해서는 안 되며, 불리한 지경에 놓였다고 비굴해서도 안 된다." 이것을 훈련의 목표라고 해도 좋다. 그래서 운동복을 새로 갈아입듯 그때의 책을 제목만 바꾸어 다시 낸다.

이 책은 교과서가 아니라 안내서다. 사람을 존중할 수 있도록 스스로 훈련하기를 원하는 사람에게 도움을 주려는 설명서다. 책 제목에 "수업"이 들어있다 하여 지은이가 교사처럼 가르친다는 의미가 아니다. 자신이 만든 자기만의 교실에서 혼자 공부하는데 종소리 역할이나 기대하는 헛기침 아니면 손짓이다. 이제는 나보다 어린 사람들도 나이가 꽤 들었기에, 청소년 시절의 나로 돌아가 또래의 여러 친구들에게 생각을 나누자고 보내는 신호다.

2020년 10월

차병직

새로 난 이 하나
흔들려 빠진 이 하나

인간의 존엄성

이 세상의 모든 것들은 잠시도 쉬지 않고 변한다. 어느 것도 가만히 그대로 멈춰 있는 것은 없다. 파도만 춤추듯 달려와 거품으로 부서지는 것이 아니라, 단단한 바위도 비와 바람에 조금씩 부스러져서 부드러운 흙이 된다. 과학자들은 모든 물질을 이루는 원자의 부속품이라 할 수 있는 미립자가 무려 1초를 1,000억 번 나눈 뒤, 그것을 다시 1조 번 나눈 만큼의 짧은 시간 동안 없어지고 생겨나는 것을 발견했다.

자연 현상만 아니라 생명체도 늘 변하고 있다. 징그러운 쐐기는 고치를 만든 뒤에 어느 날 아름다운 나비가 된다. 우리 자신의 몸도 모르는 사이에 늘 변하고 있다. 몸을 이루는 세포들은 어느 정도 시간이 지나면 죽고 그 자리에 새로운 세포가 생긴다. 한 달에 한 번씩 머리카락을 잘라도 계속 자라나는 것처럼 말이다. 아마 10년, 20년 지난 뒤 우리 몸을 이루고 있는 세포들은 지금과는 대부분 달라져 있을 것이다. 그렇다면 그때는 지금과 전혀 다른 사람이 돼서 누가 아빠 엄마인지도 몰라보게 될까? 어디 몸만 변하진 않을 것이다. 매일 피자나 햄버거만 먹으면 좋겠다고 생각한 적이 있지만 지금은 김치찌개가 더 맛있는 것처럼, 또 하루 종일 컴퓨터 게임에 정신없기도 하지만 조금씩 책 읽는 재미를 알게 되는 것처럼, 우리의 생각도 끊임없이 바뀐다.

그렇다면 변하지 않는 진정한 나는 무엇일까?

"넌 누구야?"

"전, 전……. 글쎄요, 선생님. 지금은 저도 모르겠군요. 오늘 아침 일어났을 때만 해도 제가 누구였는지 알고 있었는데, 그 뒤로 워낙 여러 번 변했기 때문에 지금은 제가 누군지 도대체 모르겠어요."

"아니, 지금 무슨 소리를 하고 있는 거냐? 어떻게 된 건지 털어놔 봐라."

쐐기가 짜증스러운 말투로 말했다.

"선생님, 그러나 정말이지 저도 제 자신을 설명할 수 없는걸요. 왜냐하면 보다시피 지금의 나는 본래의 나 자신이 아니기 때문이에요."

"무슨 말인지 모르겠다."

"안 됐지만 저도 더 이상은 분명하게 표현할 수 없어요."

앨리스는 아주 정중하게 말했다.

"하룻새에 몇 번이나 커졌다 작아졌다 하다보니 정신이 쏙 빠져서, 저도 제 자신이 제대로 납득되지 않거든요."

"그렇지 않아."

"아직 무슨 뜻인지 모르시는 모양이군요. 그러니깐 그게…… 만약 선생님이 갑자기 번데기로 변했다가 나방이 되었다면 기분이 어떻겠어요? 틀림없이 어리벙벙하실 거예요, 그렇죠?"

"아니, 전혀!"

쐐기는 덤덤하게 대답했다.

"그래요? 선생님의 신경은 저와는 다른 모양이네요."

쐐기는 경멸하는 투로 재차 물었다.

"이봐! 도대체 넌 누구냐니까?"

우리가 재미있게 읽었던《이상한 나라의 앨리스》를 기억하는가? 둑 위에서 책만 읽고 있는 언니 곁에 앉아서 지겨워하던 앨리스는 마침 나타난 빨간 눈의 토끼를 따라가다가 토끼굴 속으로 빨려 들어가 버린다. 토끼굴에 떨어진 앨리스는 정신을 차린 뒤 자기 몸이 버섯 크기 정도로 작아져 버린 것을 알고는 놀란다. 어떻게 하면 다시 몸을 원래대로 키울 수 있을까 고민하면서 숲속을 걷다가 버섯 위에서 긴 물담배를 빨고 있는 쐐기를 만나는 장면이다.

쐐기가 엘리스에게 대뜸 넌 누구냐고 묻지만 엘리스는 제대로 대답을 하지 못한다. 하루에도 몇 번씩 커졌다 작아졌다 하니 엘리스도 도대체 자기가 누구인지 모를 만도 했을 것 같다. 이런 일은 물론 현실에서는 일어나지 않는다. 하지만 모든 동물들이 말을 하고, 카드가 사람처럼 움직이는 '이상한 나라'는 동화 속에 등장하는 환상의 세계에만 있는 것은 아니다. 따지고 보면 우리가 살고 있는 이 현실도 앨리스가 겪었던 세상만큼이나 신비롭기 그지없기 때문이다.

그렇다면 우리가 사는 세계와 앨리스가 여행한 이상한 나라가 전혀 다르다고 말할 수 없지 않을까? 그래서 앨리스의 설명에도 귀기울이지도 않고 넌 누구냐고 따지는 건방진 쐐기에게 정색하고 이렇게 되묻는 앨리스의 말에는 꽤 무게가 실린다.

"당신이 누군지 먼저 밝히는 것이 도리라고 생각하는데요."

강자보다 세고 빠른 자보다 앞서가는 것은?

앨리스의 이야기를 먼저 꺼낸 이유는 인간의 권리를 생각하려면 우선 "인간이란 무엇일까?", "나는 누구일까"라는 질문에서 출발해야 하기 때문이다. 소크라테스도 "네 자신을 알라"고 이야기했다. 이런 질문은 보기엔 간단해도 사실 대답하기가 쉽지 않다. 인간은 인간이고, 나는 나일 뿐이라고 당연하게 생각해 버리기 때문이다. 그래서 우리는 내가 누구인지 스스로 고민해 보는 일을 곧잘 잊어버린다. 하지만 인간이 무엇인지, 나는 누구인지에 대한 의문에서 출발하지 않고서는 인간의 권리를 생각하기 어렵다.

학교에서 인간은 존엄하다는 말을 배웠을 것이다. 이 말은 금방 이해하기 어려운 알쏭달쏭한 이야기일 수 있다. 하지만 이 말에는 더없이 깊고 아름다운 울림이 있다. 인간으로 태어난 우리는 이 우주에서 그리고 이 지구에서, 다른 생물들과 함께 어울려 살아가고 있기 때문이다. 헤아릴 수 없이 많은 생명체 중에서도 인간은 다른 생명들보다 귀하고 존중받을 만한 가치가 있다고 스스로 믿고 있다. 그리고 우리가 다른 생명보다 귀하다고 믿는 인간은 서로가 태어나면서부터 모두 똑같은 존귀함을 지니고 있다고 생각한다. '인간은 존엄하다'는 말에는 적어도 이런 두 가지 뜻이 담겨 있다.

만약 인간이 다른 생명체보다 특별하다면, 무엇이 우리를 그렇게 존귀한 존재로 만드는 것일까 생각해 보자. 우리가 재미있게 읽었던 《이솝 우화》에 실마리가 들어 있다.

전설에 따르면 인간보다 다른 동물들이 먼저 창조되었다고 한다. 제우스 신은 여러 동물들에게 차례대로 갖가지 능력을 주었다. 어떤 동물들에게는 사나운 이빨이나 강한 힘을, 어떤 동물들에게는 하늘을 날 수 있는 날개나 자동차만큼 빠른 발을 선물했다. 그런데 인간만 벌거숭이로 남은 채 아무런 재능도 받지 못했다고 불평을 늘어놓았다. 그때 제우스 신은 이렇게 말했다.

"너희들은 무엇을 받았는지 제대로 모르고 있다. 이성이란 능력 말이다. 이성이란 하늘에서도 땅에서도 전능한 것이고, 강자보다 센 것이며, 빠른 자보다 더 앞서가는 것이다."

기원전 6세기 즈음에 그리스의 한 섬에서 노예로 태어난 이솝이 쓴 우화에서는 인간만이 가진 고유한 능력으로 이성을 꼽고 있다. 이성은 호랑이의 이빨이나 새의 날개보다 더 훌륭한 것인데도 인간들은 그 능력을 제대로 알지 못한다는 것이다. 여기서 말하는 이성이란 무엇일까. 이성은 우리가 깊이 생각하고, 복잡한 계산을 하고, 잘잘못을 가리고, 좋고 나쁨을 판단할 수 있는 능력을 말한다. 내가 누구인지 생각하게 하는 능력도 말이다.

인간이 동물과 다르다는 것은 다른 이야기에서도 전해 내려온다. 《그리스 로마 신화》를 보면 아주 먼 옛날에 프로메테우스 신이 인간을 만들었다고 한다. 프로메테우스는 흙에다 물을 붓고 이겨서 신들의 모습을 본떠 인간을 만들고는 두 발로 서서 걸을 수 있는 능력을 주었다.

그 덕택에 다른 모든 동물들은 네 발로 기면서 땅만 보고 다니는데, 인간만은 두 발로 똑바로 서서 마음껏 하늘을 쳐다볼 수 있게 되었다는 이야기다. 하지만 그때만 해도 인간은 동물과 다름없는 생활을 했다. 인간을 너무도 사랑했던 프로메테우스는 결국 최고의 신 제우스의 명령을 어기고 신의 세계에서 불을 훔쳐 인간에게 선물했다. 이 일로 프로메테우스는 제우스의 노여움을 샀고, 바위산에 묶여 독수리들에게 몸을 뜯기는 벌을 받게 된 것이다.

하지만 불을 갖게 된 인간은 다른 동물이 이루지 못한 문명을 일으켰다. 불을 이용해 쇠를 녹이고 무기를 만들어서 다른 동물들을 정복할 수 있었고, 여러 가지 도구를 만들어서 식물을 재배해 배고픔을 이겨낼 수 있었으며, 아무리 매서운 추위 속에서도 집을 따뜻하게 데울 수 있었다. 그 밖에도 불로써 헤아릴 수 없이 많은 발명을 해냈다.

그러나 곰곰이 생각해 보면 인간이 다른 동물보다 특별한 것이 오직 프로메테우스 때문은 아니다. 인간이 프로메테우스한테 불을 선물 받았다 하더라도, 그 불을 필요에 따라 자유롭게 이용할 수 있었던 것은 그만한 재능이 있었기 때문이다. 그 재능을 다른 말로 이성이라고 부를 수 있다.

여기서 한 가지 의문이 생길지 모르겠다. 인간한테 이성이 있기 때문에 다른 동물과 다른 것일까? 우리 인간만이 머리로 생각하고, 그 생각을 행동으로 옮기는 것일까? 그렇다면 다른 모든 동물들은 우리처럼 생각하지 못하는 것일까? 이런 의심이 드는 것은 당연하다. 사실 인간만이 그런 이성이나 지능을 가졌다고 단정하는 것은 인간의 자만심일 수 있다. 아무리 하찮은 동물이라도, 그들의 세계에서는 자기들 나름의 생각이나 가치가 분명히 있을 테니까 말이다. 우리는 다른 동물들의 세계가 어떤지 완전하게 알지 못할 뿐 아니라, 사람이 동물과 다르다는 것만으로 더 귀중하고 가치 있다고 우길 수는 없기 때문이다.

그럼 인간은 두 발로 서서 걷기 때문에, 아니면 불을 사용할 줄 알기 때문에 다른 동물과 구별되는 특별한 존재일까? 꼭 그렇다고 말할 수 없을 것 같다. 동물들은 오히려 네 발을 모두 사용하기에 사람보다 더 잘 달리기도 하고, 높은 나무에 쉽게 오를 수도 있으니까 말이다. 오랜 세월을 거쳐서 앞발이 날개로 바뀐 새들은 하늘을 마음대로 날아다닐 수도 있다. 그런가 하면 북극의 곰들처럼 인간이 살 수 없는 추위 속에서도 잘 살 수도 있고, 익히지 않은 고기나 풀을 쉽게 소화할 수 있는 능력도 있다. 이렇게 보면 인간이 다른 동물보다 특별하게 뛰어날 것이 없어 보인다. 인간이든 다른 동물이든, 모두 각자가 지닌 차이점 때문에 스스로의 가치를 지닐 뿐이다.

다만, 이렇게 말할 수는 있을 것이다.

'인간은 인간이 아닌 동물들과 다른 점을 많이 가지고 있다. 그런 점에서 인간은 다른 동물과 비교할 수 없는 특별한 존재이기도 하다. 우리는 인간이 다른 동물들과 특별히 다른 점을 가진 존재라고' 생각하기도 한다. 그렇다고 생각하기 때문에 우리 인간은 스스로 가장 존귀하고 가치 있는 존재라고 믿어도 좋다'고 말이다. 그렇다고 해서 다른 동물들을 무시해도 좋다는 이야기는 결코 아니다.

생명은 죽음이 있기 때문에 아름답다

이렇게 대략 답을 내려 놓더라도 한 가지 생각해 볼 것이 있다. 인간의 존엄성이란 생명이 없으면 아무 소용이 없다는 사실이다. 인간의 존재를 현실로 가능하게 해주는 것이 바로 생명이기 때문이다. 만약 내가 죽으면 이 세상에 내가 없어지는데 어떻게 존엄성을 말할 수 있을까. 따라서 생명을 어떻게 봐야 할 것인지도 존엄성을 어떻게 생각해야 하는지 못지않게 중요한 문제다.

인간이 가진 생명의 가치는 어떤 것과도 비교할 수 없을 만큼 소중하다. 그래서 어느 누구도 다른 사람의 생명을 해칠 수 없다. 뿐만 아니라 자기 자신의 생명을 스스로 해치는 것도 허용되지 않는다. 생명의 가치가 짓밟히는 것을 보고만 있는 것도 인간의 도리가 아니다. 그래서 그런지, 사람들은 생명을 무척 아낀다. 누구나 생명을 오랫동안 유지하고 싶어한다. 누구든지 어릴 때는 느끼지 못하겠지만, 점점 나이가 들면서 생명이 다하는 것을 두려워한다. 그래서 좀더 오래 살기를 바라고, 때로는 영원히 살고 싶다는 황당한 꿈을 꾸기도 한다. 그렇다면 천년 만년 죽지 않고 사는 것이 과연 행복한 일일까?

누구나 어렸을 때 읽는 조나단 스위프트의 《걸리버 여행기》에는 거인과 소인의 나라 이야기 외에도 어린이용 책에 실리지 않은 흥미진진한 얘기들이 많다. 그중 하나가 죽지 않는 사람들의 이야기다. 앨리스 못지않게 이상한 세상을 돌아다닌 주인공 걸리버는 럭낵 섬에 사는 스트럴드블럭이라는 사람들은 영원히 살 수 있다는 이야기를 듣고 귀가 솔깃해진다. 누구나 이런 사람들이 있다면 너무도 행복할 거라고 생각할 것이다. 걸리버도 처음에는 영원한 생명을 가진 이 사람들을 무척 부러워했다. 영원한 생명을 가진 그들의 생활이 어떤지 보자.

그러나 스트럴드블럭에 대해 상세한 설명을 듣자 사정은 달라졌다. 그들은 서른한 살까지는 보통 사람들과 다름없으나, 그 이후 점점 쇠퇴하여 예순이 넘으면 더욱 침울해진다고 한다. 스트럴드블럭은 늙기는 하지만 죽지는 않는다. 치매에 걸려 노망을 부리면서도 죽지 않아 무서운 절망감에 빠진다. 젊은이들의 행동을 바라보면서 그들은 모든 즐거움으로부터 제외되어 있다는 것을 깨닫는다. 장례식을 볼 때마다 자신들은 그 영원한 안식처로 갈 수 없다는 것을 한탄한다.

아흔이 넘으면 이빨과 머리털이 죄다 빠진다. 식욕도 없고 음식도 맛볼 수 없다. 항상 병을 앓고 있으나 낫지도 않는다. 기억력은 쇠퇴하여 다음 줄을 읽으면 앞의 줄을 잊어버려 책을 읽을 수도 없다. 이백 살이 되면 말도 잊어버려 다른 사람들과 대화도 나눌 수 없다.

사람의 생명에 끝이 없다면 얼마나 참혹한 지경에 이를 수 있는지 알 수 있다. 이렇게라도 100년, 200년 살고 싶은 사람은 없을 것이다. 그렇다면 이런 생각을 할 수도 있을 것이다. 영원한 생명뿐 아니라 영원한 젊음까지 가질 수 있다면 모든 걱정이 사라지고 최고로 행복해질 수 있지 않겠느냐고. 좋은 생각이지만 반드시 그렇다고 할 수도 없을 것 같다. 한번 생각해 보자. 만약 영원히 늙지 않는다면 항상 초등학교 학생으로만 머무는 것이 좋을까, 아니면 20세의 건장한 청년으로만 살아가는 것이 좋을까? 그렇다면 늙어 가는 친구들과의 관계는 어떻게 될까?

예전에 재미있게 보았던 영화가 생각난다. 주인공은 오랜 옛날 용맹스런 무사였는데 그만 저주를 받아서 칼에 찔려도 죽지 않게 되었다. 주인공은 수백 년이 지난 현대까지도 옛날의 멋있는 외모 그대로 살고 있다. 그런데 그의 소원이 무엇이었을까? 바로 다른 사람들처럼 나이가 들고 늙어서 죽는 것이었다. 옛날 그가 사랑했던 여인과 좋아했던 친구들이 모두 늙고 죽는 모습을 지켜봐야 하는 고통을 견디기가 너무나 힘들었던 것이다.

이상하게 들릴지 모르겠지만, 생명은 죽음이 있기 때문에 아름답다.

생명이 있는 모든 것은 함께 늙어가고 저절로 수명을 다하는 것이 가장 자연스러운 일이다. 모든 생명이 제멋대로 자기가 원하는 대로 나이를 먹고 살아간다면 세상은 온통 뒤죽박죽이지 않을까. 사람들은 생명이 영원하지 못한 것을 안타깝게 생각하지만, 달리 생각하면 생명이 영원하지 않기 때문에 더욱 소중하고 아름다운 것이다.

《이솝 우화》를 보면 시들지도 지지도 않는 전설 속의 꽃인 에머랜스가 장미꽃과 이야기를 나누는 장면이 있다.

"참 곱기도 하지."

애머랜스가 장미에게 말했다.

"신이 보기에도, 또 사람이 보기에도 얼마나 탐날까! 아름다움과 향기를 축하해요."

"그러나 내 목숨은 짧아요."

장미가 대답하였다.

"아무도 나를 자르지 않아도 나는 시들고 말지요. 그런데 당신은 계속 꽃을 피우고 또 항상 지금처럼 싱싱하지요."

장미는 아름답기는 하지만 곧 지고 만다. 꽃병에 꽂아두면 아무리 물을 자주 갈아 주어도 며칠 가지 못한다. 그래서 장미는 영원히 싱싱하게 꽃을 피우는 애머랜스를 무척이나 부러워한다. 하지만 우리는 애머랜스가 어떤 색을 지녔는지, 어떤 향기를 내는지 알지 못한다. 전설 속에서나 존재하는 상상의 꽃이기 때문이다. 하지만 빨리 시들어도 우리는 장미의 아름다움을 늘 곁에서 보고 느낄 수 있다. 정원의 장미가 며칠 만에 지더라도 다음 해를 기다리면 다른 장미가 또 우리 곁을 찾아오지 않는가. 애머랜스와 같은 영원한 아름다움을 우리의 마음속에 간직해 보는 것이 필요할 때도 있다. 하지만 현실의 아름다움은 피고 지는 장미에 있다.

우리가 가진 생명의 고귀함도 애머랜스가 아니라 장미와 비슷하다. 언젠가 죽음을 맞이하지만, 생명이 다할 때까지는 각자의 능력과 개성에 맞게 아름다운 힘을 발휘할 수 있으니 말이다. 내 생명을 소중히 여기듯이 다른 사람의 생명을 존중하고, 새로 태어나는 생명을 고귀하게 여기듯이 죽음에 가까이 다가선 노인들을 공경하고, 하늘이 내려 준 자연스러운 생명을 이야기하고 누릴 때 인간의 아름다움은 가장 빛난다.

새로 난 이 하나, 흔들려 빠진 이 하나

못생기고 지저분하지만 어딘지 모르게 친근감을 주는 꼬마 홍당무의 모습이 떠오른다. 프랑스 작가 쥘 르나르의 대표적인 작품 《홍당무》에 나오는 주근깨 얼굴에 빨간 머리털을 가진 주인공 말이다. 홍당무는 말썽꾸러기이기도 하지만 형과 누나, 엄마로부터 온갖 구박을 받으면서 마음의 상처를 입기도 한다. 때론 가출도 시도하고 방황도 하지만, 점점 나이가 들면서 가족과 세상에 대해 조금씩 이해하며 커 가는 모습이 인상적이다.

학교에 다니면서 기숙사 생활을 한 홍당무는 무뚝뚝한 아버지께 자주 편지를 했다. 어느 날 홍당무가 아버지 르픽 씨와 주고받은 편지는 이러했다.

아빠.

기쁜 소식을 알려드리겠습니다. 어금니 한 개가 또 났습니다. 아직 어금니가 날 나이가 아닌데, 이것은 분명 조숙한 사랑니입니다. 저는 한 개만 나는 것으로 그치지 않았으면 좋겠습니다.

— 홍당무 올림

홍당무야.

네 잇몸에 새 이가 돋아나기 시작할 그 무렵, 내 이 하나가 흔들리기 시작했단다. 그리고 결국 어제 아침에 빠지고 말았다. 이렇게 너의 이가 한 개 새로 나면, 나의 이가 한 개 빠진다. 그래서 우리 가족 이의 합계는 언제나 변함없이 똑같은 셈이다.

— 너를 사랑하는 아버지로부터

자연스런 생명의 질서란 이런 것이 아닐까. 아버지에게서 빠진 이가 아들에게 돋아나듯, 앞서 간 강물이 지나간 자리를 뒤에 따라오는 강물이 채우는 듯 말이다. 이렇듯 우리는 생명을 가장 귀중한 것으로 여겨야 하지만, 생명에 지나치게 욕심부리고 집착해서는 안 된다. 그것이 인간의 생명을 존엄하게 대하는 태도일 것이다.

이제 인간의 존엄과 생명에 관한 이야기를 마무리할 때가 온 것 같다. 인간은 탄생뿐 아니라 죽음에 이르기까지 인간으로서의 존엄을 지켜야 한다. 그것은 죽음을 자연스럽게 맞아들이면서 가능해질 것이다. 자연스럽게 사라지는 생명이 주는 존귀함을 《그리스 로마 신화》에 나오는 한 전설에서도 느낄 수 있다.

언젠가 제우스 신이 사람 모습으로 변장하여 프리기아를 방문한 적이 있다. 아들 헤르메스도 날개를 떼어 놓고 동행했다. 둘은 피로한 나그네들처럼 쉴 곳을 찾아 이 집 저 집 기웃거렸지만 아무도 재워 주려고 하지 않았다. 밤이 깊었기 때문이다.

그러나 바우키스라는 노파와 남편 필레몬은 달랐다. 노부부는 오막살이집에 둘을 정성껏 맞아들였다. 제우스는 그 부부의 모습에 감동했다. 그러나 불친절한 다른 사람에 대해서는 분노했다.

신의 모습으로 돌아간 제우스는 야박하고 불경스런 마을을 물 속에 잠기게 하고, 바우키스와 필레몬만 살려 주었다. 그리고 두 사람에게 소원을 물었다. 바우키스와 의논한 끝에 필레몬이 이렇게 대답했다.

"저희는 지금까지 이 세상에서 의좋게 살아온 만큼 이 세상을 떠날 때도 함께 가고 싶습니다. 바라옵건대 제가 살아남아 할미의 무덤을 보는 슬픈 일이 없게 하시고, 할미가 살아서 제 무덤을 파는 슬픈 일도 당하지 않게 하소서."

제우스는 소원을 들어 주기로 약속했다.

두 사람이 늙고 늙어 더할 나위 없이 쇠약해진 어느 날. 신전 계단에서 있던 바우키스는 필레몬의 몸에서 나뭇잎이 돋아나고 있는 걸 보았다. 필레몬도 바우키스의 몸이 자기처럼 변하는 것을 보았다. 두 사람은 서로 작별 인사를 나누었다.

"잘 가요, 할멈."

"잘 가세요, 영감."

프리기아 땅의 어느 언덕 위에 사이좋게 서 있는 보리수 한 그루와 참나무 한 그루가 바로 바우키스와 필레몬이라고 한다. 이 부부의 이야기는 자연스럽게 다한 생명의 존귀함이 무엇인지 잘 알려 준다. 인간으로 태어나 인간의 존엄과 가치를 누리다가, 인간의 품격을 잃지 않고 죽어 가는 것, 이것을 인간다운 삶이라 부를 수 있을 것이다.

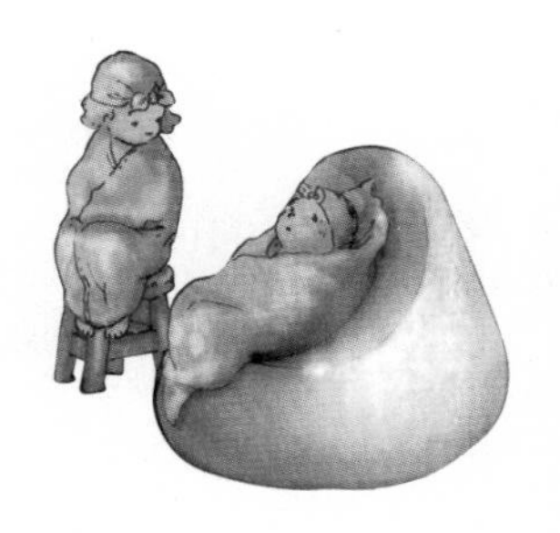

저울로도 잴 수 없는 생명의 가치

생명의 권리

벨기에의 시인이자 극작가인 모리스 마테를링크의 아름다운 이야기 《파랑새》를 보자. 《파랑새》는 나무꾼 오두막에 사는 주인공 틸틸과 미틸 남매가 요술쟁이 할머니를 따라 꿈속에서 파랑새를 찾아 떠나는 신비로운 여행기다. 착한 두 남매는 여러 곳을 다니며 무엇이 정말 행복한 것인지, 착한 것인지, 고귀한 것인지를 본다. 그중에서도 인간의 생명이 탄생하는 곳의 모습은 무척이나 아름답다.

푸른 하늘과 같은 파란색으로 가득 찬 넓은 방이 있다. 이곳은 이제부터 태어날 어린이들의 나라다. 파란 반원형 천장을 받치고 있는 사파이어의 둥근 기둥이 한없이 멀리 계속되어 있다. 여기에 있는 것은 모두, 아주 작은 것까지 이 세상 것이 아닌 것 같다. 온통 동화에나 나올 법한 파란색이다. 바닥에 깔린 돌까지 한결같이 파랗게 빛나고, 아치 모양의 천장은 저 멀리 끝나는 부분에 맞닿아 있는 하늘의 색과 같다. 다만, 둥근 기둥의 받침돌과 기둥머리로 장식된 돌, 그리고 두세 개의 둥근 의자만 흰 대리석이나 석고로 되어 있다.

오른쪽의 기둥 사이에는 오팔색의 문이 몇 개 있다. 이 문을 열면 현실의 세상과 통한다. 넓은 방 안에는 사방에 하늘색 긴 옷을 입은 아이들이 옹기종기 모여 있다. 뛰노는 아이들도 있고, 이야기를 나누거나 걷는 아이들, 꿈꾸듯 멍하니 서 있는 아이들도 있다. 그런가 하면 공작기구를 가지고 미래의 발명품에 매달려 있는 아이들도 있다. 그 아이들 사이에서 때때로 키가 큰 사람이 오가고 있다. 천사와 같은 느낌을 주면서도 어딘가 위엄이 있어 보인다.

틸틸은 빛의 요정에게 물었다.

"여기는 어디지요?"

"미래의 나라예요. 세상에 태어날 아이들은 누구나 이곳에 살지요. 그러니까 여기 아이들은 모두 태어날 날을 기다리고 있는 거지요. 아빠랑 엄마들이 아기를 갖고 싶을 때는 저기 오른쪽에 있는 커다란 문 앞에 와서 기다리다가 아기가 나오면 받아 가는 거랍니다."

가만히 생각해 보면 세상의 만물은 모두 있어야 할 나름의 이유가 있다. 그렇기 때문에 돌멩이 하나, 구름 한 점, 비 한 방울 모두 그만한 가치를 가지고 있다. 생명을 가진 존재는 더욱 그렇다. 생명은 우리를 살아 있게 할 뿐만 아니라, 우리가 살아 있다는 것을 느끼게 해준다. 어차피 사람을 사람답게 하는 것도 생명이 있기에 가능한 일이지 않을까? 그런 귀한 생명이 어디서 어떻게 시작되는지 상상해 보는 것은 《파랑새》에 나오는 파란 방처럼 신비로운 일이다.

그렇다면 생명은 어떻게 생겨나는 것일까? 이탈리아의 수산나 타마로가 쓴 《천사의 간지럼》에 나오는 소녀 마르티나도 이것을 궁금해한다. 늘 다투기만 하는 엄마와 아빠 때문에 마르티나의 가장 친한 친구는 할아버지밖에 없다. 마르티나와 할아버지의 대화를 엿들어 보자.

"나는 왜 태어났죠?"

"잠깐! 불성실한 질문이구나!"

"왜요?"

"백과사전에 안 나와 있으니까."

"왜 안 나와 있어요?"

"왜냐하면 그것은 각자 스스로 대답해야 할 질문이기 때문이야. 나에게는 나만의 대답이 있고, 너에게는 너만의 대답이 있단다."

현명한 할아버지는 우리가 왜 태어났는지에 대한 정답은 없다고 이야기한다. 한 사람 한 사람 모두 태어난 이유가 따로 있다는 것이다. 다른 사람이 태어난 이유를 내가 대답해 줄 수 없다는 이야기다. 그럼 자기가 왜 태어났는지를 스스로 대답해야 한다는 건 왜일까? 그것은 자기의 생명을 소중하게 아끼면서, 살아가는 목표를 뚜렷이 해야 한다는 뜻이다.

자기 생명이 귀한 만큼 다른 사람의 생명도 귀하게 여겨야 한다. 다른 사람의 생명을 존중하는 것은 나의 의무이고, 따라서 다른 사람이 나의 생명을 존중해 주는 것은 나의 권리이다. 생명을 자신의 권리로 생각한다면 그에 따르는 의무도 명심해야 한다.

모든 생명은 똑같이 소중하다

인간의 생명을 하나의 권리로 여기는 것은 너무나 당연하다. 그러나 한편으로는 생명을 단순한 권리로 삼는 것이 옳은가 하는 의문도 든다. 내가 자유로울 수 있는 것도 권리고, 내 물건을 마음대로 처분할 수 있는 것도 권리다. 그렇다면 내 생명도 자유나 물건과 같은 것일까?

보통 우리는 생명이란 다른 모든 권리보다 더 높은 가치를 가지고 있다고 여긴다. 따라서 생명은 다른 권리들보다 맨 앞에 놓여 있다고 생각한다. 내가 살아 있어야 여러 가지 권리를 누릴 수 있기 때문이다. 그래서 생명을 권리라고 부르는 것이 적당하지 않다는 느낌이 든다. 하지만 사람들은 자신의 생명을 '수많은 권리 중에서 으뜸가는 권리'라는 표현으로 형식을 갖춰서 꾸미려고 한다. 그것이 사람의 습관이다. 그래서 '생명의 권리'라는 말을 쓰는 것이다.

물론 이렇게 멋을 부려서 이야기하지 않더라도 생명의 가치에 대해선 누구나 경험으로 알 수 있다. 아이가 태어나면 기뻐하고, 가족이나 주위 사람들이 죽으면 슬픔으로 안타까워한다.

미국 남북전쟁 시대에 가난하지만 화목하게 살아가는 가족의 따스한 이야기를 담은《작은 아씨들》이 생각난다. 생명의 권리가 무엇인지 전혀 배운 적이 없지만, 이웃집 아기의 죽음을 바라보는 네 자매의 눈은 슬픔과 괴로움으로 가득 차 있다.

베스의 표정은 침울했고 눈은 빨개졌으며 손에는 캠퍼 병을 들고 있었다.

"언니, 아기가 죽었어!"

"누구의 아기가?"

"훔멜스 아주머니의 아기. 아주머니가 돌아오시기 전에 내 무릎 위에서 죽고 말았어."

"어머나, 무서웠겠구나! 내가 있어야 했는데."

조는 후회하며 동생을 껴안았다.

"무섭진 않았어. 하지만 무척 괴로웠어."

이 장면은 평범한 일상의 한 모습에 불과하지만, 현실의 죽음 앞에 놓인 생명의 의미를 직접 느끼게 한다. 우리가 한 번도 만나본 적 없는 이라크 어린이들이 전쟁으로 다치고 죽어 가는 모습을 텔레비전으로 보면서 눈물을 글썽이는 것도 이웃집 아기의 죽음에 괴로워하는 베스의 심정과 다를 바 없다. 누가 가르쳐 주지 않아도 생명이란 그 고유의 가치 때문에 존중되고 보호되어야 한다는 것을 스스로 알고 있는 것이다.

모든 생명은 똑같이 소중하다. 남자와 여자, 똑똑한 사람과 무식한 사람, 부자인 사람과 가난한 사람, 장애인과 비장애인, 젊은이와 노인의 생명의 가치가 서로 다르지 않다. 마찬가지로 인간 생명의 가치를 정육점에서 고기를 저울로 달듯 비교해서도 안 될 일이다. 열 사람의 생명이 한 사람의 생명보다 열 배 더 높은 가치가 있다고 말할 수 없다.

《소공자》와 《소공녀》를 쓴 영국의 프랜시스 버넷의 또 다른 작품 중에 《비밀의 화원》이란 소설이 있다. 인도에서 태어나 고아가 된 소녀 메리가 영국에 사는 고모부 크레이븐의 저택으로 가면서 이야기가 시작된다. 그 집에서 메리는 10년 동안 굳게 문을 닫아 둬서 폐허가 된 비밀의 화원을 발견하고는 하녀의 동생인 디콘과 친구가 되어 새롭게 가꾸기 시작한다. 그런데 메리는 고모부의 아들인 사촌 콜린이 곱사등이란 장애 때문에 골방에서 울고만 있는 것을 알게 된다. 그 애를 불쌍히 여긴 메리가 디콘과 이야기를 나눈다.

"넌 그 애가 죽고 싶어한다고 생각해?"

"아뇨. 하지만 도련님은 자기가 태어나지 않았으면 좋았을 거라고 생각하죠. 우리 어머니께선 그런 생각이야말로 어떤 아이한테든 이 세상에서 제일 나쁜 것이라고 하시죠. 세상에서 필요하다고 여겨지지 않으면 뭐든 좀처럼 무성하게 자랄 수 없다고 했어요. 주인님께서는 불쌍한 자식에게 돈으로 살 수 있는 건 뭐든 사다 주지만, 어쨌든 그 아이가 이 세상에 살고 있다는 건 잊어버리고 싶어하죠. 무엇보다도 언젠가 곱사등이가 된 아들을 보게 될까봐 걱정이 되어 그러시는 거죠."

아버지는 장애가 있는 아들의 삶을 귀중하게 생각하지 않았지만, 메리는 그렇지 않았다. 방 안에서 꼼짝 않고 있는 콜린을 일으켜 세워서 비밀의 화원으로 초대한다. 아네모네, 수선화, 백합이 활짝 피고 장미 넝쿨이 무성한 화원을 걸으면서 콜린의 몸은 점점 좋아지고, 차가웠던 아버지의 마음도 따뜻해진다. 어떤 생명도 소중하다는 메리의 마음이 결국은 모두를 행복하게 만들었다.

생명의 시작과 끝은 언제일까?

이렇게 생명의 소중함이란 누구나 느끼는 것인데, 사람들은 그것을 권리라고 이름 붙여 제도로 만들었다. 말하자면 제도란 권리를 법으로 정하는 것이다. 이런 제도를 만들려면 우선 생명이 무엇인지 모두가 쉽게 확인할 수 있어야 한다. 언제부터 언제까지를 생명이라고 할 것인지 정할 수 있어야 한다. 매사를 분명하게 정하려는 것도 사람들의 습관이다.

살아 있는 것이면 모두 생명이 있다고 여기면 그만일 것 같지만, 사실은 그렇게 간단하지 않다. 생명의 시작은 아기가 엄마 뱃속에 있을 때부터일까, 세상에 나와 첫 울음을 터뜨리는 순간부터일까. 생명의 끝은 심장이 멈춘 때로 봐야 할까, 의식이 완전히 없어진 때로 봐야 할까. 정답은 없다. 생명의 시작과 끝을 바라보는 의사, 종교인, 법률가의 눈이 다 제각각이다.

아직 태어나지 않은 생명을 태아라고 부른다. 태아는 어머니의 자궁 속에서 40주 동안 자라면서 사람의 형태를 갖춘다. 비록 어머니의 몸 밖으로 나오지 않았지만 태아도 엄연한 하나의 생명이다. 따라서 어느 누구도 태아의 생명을 함부로 여길 수 없다. 사람의 생명을 존중하는 태도는 뱃속의 태아를 이미 태어난 사람과 똑같이 여기는 것에서 시작한다. 그래서 태아가 자연스럽게 태어나기 전에 약물이나 수술로 없애

버리는 낙태 행위는 함부로 허용되지 않는다. 어떤 나라에서는 그런 행위를 사람을 죽이는 것과 같은 범죄로 여겨서 처벌한다.

그런데도 옛날부터 많은 사람들이 낙태를 하고 있다. 이유는 여러 가지다. 가난 때문에 아이를 키울 수가 없어서, 원하지 않는 아이가 생겨서, 아이가 정상이 아닐 가능성이 있어서, 어머니의 건강이 너무 좋지 않아서, 심지어는 태어날 아이가 딸이거나 아들이기 때문에 낙태를 하기도 한다. 그런 행위를 죄스럽게 여기며 몰래 하는 사람이 있는 반면, 아무렇지도 않게 귀찮은 물건을 떼어 버리듯 하는 사람도 있다.

어떤 경우에도 태아의 생명을 앗아가는 행위를 해서는 안 된다. 그러나 세상이 변하면서 사람의 생각도 바뀐다. 살아있는 사람의 존엄성이나 행복을 지키기 위해서 태아의 생명을 포기할 수 있는가? 할 수 있다면 태아의 생명을 낮게 평가하는 결과가 된다. 안 된다면, 생명의 가치는 동등하게 여기되 생명 이외의 가치를 외면하는 것이 되고 만다. 인간다운 생활을 보장할 수 없다면, 그 생명의 가치는 포기하거나 낮게 평가해도 좋은가? 생명의 가치를 절대적 가치로 못 박아버리면 그럴 수 없지만, 생명권이라고 절대적일 수는 없다고 생각하면 그럴 수도 있다. 태아를 출산하거나 포기할 결정권을 여성에게 주는 것은 복잡한 인권의 여러 측면을 고려한 하나의 선택지다. 낙태의 권리 역시 절대적일 수는 없지만, 인간의 권리 중 하나인 것만은 분명하다.

우리 헌법재판소는 한때 낙태 행위를 처벌하는 법을 합헌이라고 했다가, 2019년 4월에 헌법 정신에 위반한다는 결정을 했다. 따라서 낙태죄는 곧 폐지될 운명이고, 우리나라에서 낙태는 불가피한 경우 허용된다는 것이 원칙으로 바뀌었다.

사람은 '목적'이지 '수단'이 아니다

인간의 생명 그 자체는 무엇과도 바꿀 수 없이 귀중하다. 그래서 사람의 생명을 다른 것의 대가로 치르게 해서는 결코 안 된다. 좀 어렵긴 하지만 이런 뜻을 담고 있는 말이 있다. '인간은 어떠한 경우에도 목적으로 대우해야지 수단으로 삼아서는 안 된다.'

그런데 조금 깊이 생각해 보면 어려운 문제가 있다. 누군가의 생명을 지키기 위해 다른 사람의 생명을 침해할 수 있을까 하는 문제다. 예를 들어 인질범이 수많은 사람을 가둔 채 총을 겨누고 있다고 하자. 잡혀 있는 사람들을 구하기 위해 인질범을 총으로 쏴도 좋을까? 그대로 두면 붙잡힌 사람의 생명이 위험하고 다른 방법이 전혀 없다고 판단할 때는 인질범을 쏠 수 있을 것이다. 그러나 무조건 인질범에게 총을 쏘는 방법으로 쉽게 해결해서는 곤란하다. 아무리 포악한 범죄자라 하더라도 함부로 총을 쏴서 생명을 위험하게 해서는 안 된다. 항상 피해가 가장 작은 방법을 택하는 것이 생명을 존중하는 자세일 것이다.

자신의 목숨이 걸려 있는 다급한 상황에서도 함부로 다른 사람의 생명을 해쳐서는 안 된다는 교훈을《몬테크리스토 백작》에서 읽을 수 있다. 우리가 영화로도 재미있게 본《삼총사》를 쓴 알렉상드르 뒤마가 쓴 아주 긴 소설이다. 억울하게 감옥에 갇힌 에드몽 당테스가 탈출하여 통쾌하게 복수하는 얘기이다.

당테스가 억울하게 갇힌 곳은 프랑스의 악명 높은 이프 섬의 감옥이었다. 한쪽이 절벽으로 된 섬의 감옥에 갇힌 당테스는 자기보다 4년 먼저 들어온 파리아 신부를 만난다. 파리아 신부가 탈출하기 위해 열심히 굴을 팠는데, 그만 방향이 틀려 당테스가 갇힌 감방 벽을 뚫어 버린 것이다.

당테스에게 갑자기 용기가 솟았다. 문득 생각이 떠오른 것이다.

"파리아 신부님, 제게 좋은 생각이 있어요. 신부님께서 판 굴 한가운데서부터 티(T)자 모양으로 옆으로 굴을 파는 것입니다. 그래서 밖의 복도로 나가 보초를 죽이고 함께 도망칩시다."

파리아 신부는 손을 들어 당테스의 말을 가로막았다.

"난 몇 년 걸려서 참을성 있게 벽에 구멍을 뚫었어. 하지만 사람의 가슴에 구멍을 뚫고 생명을 빼앗는 일은 반대하네."

우리가 사는 세상에 파리아 신부 같은 사람들만 있는 것이 아니다.

많은 사람들이 모두 생명을 아끼고 존중하려는 희망을 갖고 있지만 현실은 그렇지 못한 경우가 있다.

그중에서도 가장 끔찍한 것은 집단 학살이다. 대표적으로 떠올릴 수 있는 것이 50여 년 전에 독일 나치가 수백만 명의 유대인을 독가스로 처형한 일이다. 30년 전쯤에는 캄보디아에서 폴 포트가 자신을 반대한다는 이유로 수십만 명의 사람을 죽였다. 1937년 일본군은 중국 난징에서 단 몇 주 만에 30만 명 이상의 중국인의 생명을 빼앗았다. 그런 만행은 어느 시대 어느 곳에서나 있었다. 우리나라도 마찬가지다. 50여 년 전 제주도에서는 공산주의자가 섞여 있을지 모른다는 이유로 경찰이 수만 명의 무고한 생명을 마구 유린했다. 이라크 전쟁에서 생생하게 보았듯이 무엇보다도 전쟁은 생명의 가치에 대해선 장님이나 마찬가지다. 그러므로 반전과 평화 운동은 바로 생명을 존중하는 마음에서 시작하는 것이다.

힘으로 목숨을 빼앗는 행위만 생명의 권리를 침해하는 것이 아니다. 생명의 권리에는 모든 사람들이 안전하게 살아갈 수 있는 권리도 포함된다. 하지만 눈앞에 보이는 이익에 눈이 어두워 수많은 생명을 해치는 경우도 있다. 1994년 서울의 성수대교가 무너져 32명이 목숨을 잃었다. 그런가 하면 그다음 해 여름엔 삼풍백화점 건물이 붕괴해 무려 501명이 세상을 떠났다. 집을 짓고 다리를 놓는 일도 많은 사람의 생명과 무관하지 않다는 사실을 명심해야 한다.

저 놈의 목을 베라!

헌법은 인간의 생명을 최고의 가치로 삼는다. 그런데 그 법과 법을 집행하는 국가 권력이 생명을 빼앗는 일을 스스로 하기도 한다. 바로 사형 제도가 그것이다. 사형 선고를 받은 사람에게 총을 쏘거나 독가스를 마시게 하거나 전기로 충격을 주거나 밧줄로 목을 졸라서 죽게 하는 것이다.

사형은 가장 오래된 형벌 중 하나다. 그러나 인간의 본성에 어긋나는 형벌이기도 하다. 그래서 사형 제도를 두고 찬성하는 의견과 반대하는 의견이 팽팽하게 맞서 있다. 찬성하는 사람들은 사람의 생명을 하찮게 여기는 나쁜 범죄자를 우리 사회에서 영원히 쫓아 버려야 한다고 주장한다. 반대하는 사람들은 생명을 그토록 중하게 여기면서 국가의 힘으로 생명을 빼앗는 행위는 '합법적인 살인 행위'라며 용서할 수 없다고 말한다. 사실, 사회에서 격리시켜야 할 위험한 사람이라면 영원히 또는 아주 오랫동안 감옥에 가두어 두어도 충분할 것이다. 게다가 만약 나쁜 범죄자로 알았던 사람을 사형하고 난 뒤에 진짜 범인이 잡힌다면 그때는 어떻게 하겠는가.

현재 지구상의 국가들 중에는 사형 제도를 없앤 나라도 있고, 계속 두고 있는 나라도 있다. 완전히 사형 제도를 폐지한 나라는 75개국이고, 사형 제도를 두고 사형을 집행하는 나라는 87개국 정도이다. 그러나 사형 제도는 있지만 실제로 집행하지 않는 나라도 20개국이 넘는다. 따라서 사형을 하는 나라와 하지 않는 나라의 수가 거의 비슷한 셈이다. 우리나라는 아직 사형 제도가 필요하다고 생각할 뿐만 아니라, 사형이 인간의 존엄성이나 생명의 소중함을 지키려는 헌법 정신에 어긋나는 것이 아니라고 한다. 이런 사형 제도가 존재하는 것 자체가 문제이기는 하지만, 어쩔 수 없이 사형을 선고하고 집행할 때라도 아주 신중해야 한다.

1975년 4월 8일 우리 대법원에서는 공산주의 활동을 했다는 이유로 인민혁명당이란 단체에 소속됐다는 39명을 재판한 일이 있었다. 재판부는 이 중 8명에게 사형을 선고했다. 그러나 많은 사람들은 이들의 활동을 수사 기관이 거짓으로 꾸몄거나 과장한 부분이 많다고 의심했다. 설사 이들이 우리 정부를 나쁘게 생각했다 하더라도 그것은 그들의 양심과 사상의 자유에 포함되는 것이었다. 그러므로 그들은 억울하게 사형을 선고받은 것이었다. 더 놀라운 일은 선고가 있은 다음날 아침에 이들 8명에 대한 사형이 집행된 것이다. 혹시 잘못되었을지 모르는 재판을 다시 해볼 틈도 없이 국가가 법의 이름으로 살인을 저지른 것이다. 이런 일은 인간으로서 수치스럽고 부끄러운 일이다. 사형이 인간으로서 부끄러운 행위라는 걸 깨닫는다면 세상은 좀더 아름다워질 수 있을 텐데 말이다.

"저 놈의 목을 베라!"

여왕이 명령했다.

그러나 망나니의 주장은, 고양이가 몸은 없고 머리만 있으니 자기로서는 목을 벨 수 없다는 것이다. 그는 이런 경우를 듣도 보도 못했다는 것이다.

그런가 하면 왕의 주장은 달랐다. 세상에 머리가 있는 생물은 어느 것이나 그 목을 벨 수 있는 법인데, 무슨 억지 소리를 하느냐는 얘기였다. 여왕은 당장 무슨 수를 쓰든지 고양이의 목을 베지 못하면, 이곳에 있는 모든 사람의 목을 베어 버리고 말겠다고 소리쳤다.

만약 앨리스가 사형이 마구 행해지는 우리의 세상을 보았다면, 사람의 목을 베는 것을 무를 자르는 것쯤으로 여기는 트럼프 나라의 여왕을 보고도 크게 놀라지 않았을 것 같다. 오히려 마음속으로는 이렇게 속삭였을지 모른다. '인간들은 사형을 너무 좋아해. 사형 제도가 남아 있는 나라는 이 이상한 나라와 다를 게 하나도 없어.'

내 세포로 나와 똑같은 사람을 만든다면

이런 문제도 생각해 보자. 만약 어떤 환자가 암 같은 몹쓸 병에 걸려서 더 이상 살아날 가망이 없이 고통스럽게 목숨을 이어가고 있다. 이 환자가 의사에게 자신을 편안하게 죽여 달라고 한다면 어떻게 해야 할까? 이런 안락사는 아직 대부분의 나라에서 허용하지 않지만 점점 논란이 되고 있다. 자신이 원하는 만큼 오래 살아야 할 권리가 있는 만큼 고통 없이 편하게 죽을 권리도 있다고 주장하는 사람들이 많아지고 있다. 죽음을 눈앞에 두고 엄청난 고통으로 괴로워하는 사람을 그대로 두어야 할까? 아니면 편하게 죽음을 맞을 수 있게 도와 주는 것이 옳을까? 판단하기 쉽지 않다.

죽음의 시기를 마음대로 앞당기는 행위만 생명을 침해하는 것은 아니다. 생명의 탄생에서도 비슷한 문제가 생겨나기도 한다. 사람의 죽음이 자연스러워야 하듯이 새 생명의 탄생도 자연스러워야 한다. 그런데 인간의 생명을 물건을 만들어내듯이 찍어낸다면 어떻게 될까?

사실 사람의 생명을 만들어낼 수 있다는 생각은 오래전부터 있었다. 1831년 메리 셸리는《프랑켄슈타인》이란 소설에서 한 과학자가 시체에 전기 충격을 주어 생명을 불어넣는 실험을 하다 몰락한 이야기를 다루고 있다.

그런데 20세기 들어서서 과학자들은 소설 속에서가 아니라 현실에서 비슷한 실험을 하려고 한다. 심심찮게 뉴스에 나오는 인간 복제라는 것이 그것이다. 사람 몸의 세포에서 떼어낸 유전자를 인공으로 배양하여 똑같은 사람을 만들어내겠다는 것이다. 쉽게 말하면 내 몸의 세포를 떼어서 나와 똑같은 사람을 만들어낼 수 있다는 이야기다. 처음에는 양이나 쥐 같은 동물을 이용해 실험에 성공을 거두었다. 그런데 2002년 12월 26일 미국의 클로네이드라는 회사에서 인간을 복제해 탄생시키는 데 성공했다고 발표해서 세상을 놀라게 했다.

만약 그것이 사실이라면 우리는 어떻게 받아들여야 할까? 생명의 탄생과 그 생명의 내용을 자연이나 신에 맡기지 않고 인간이 마음대로 만들어내는 것을 그대로 허용해도 괜찮을까? 그런 행위는 생명의 권리를 침해하는 것일까, 아니면 인간의 존엄성을 훼손하는 것일까? 과학의 힘으로 성공한다면 엄연한 현실이 되어 버리는데, 막연히 생명의 존엄을 이유로 금지한다고 해결이 될까? 인간 복제 행위를 처벌한다고 인간의 존엄성이 지켜질까?

온통 의문투성이다. 어떤 질문에도 정답은 없는 것 같다. 마르티나의 할아버지 말처럼, 백과사전을 찾아봐도 해답은 없다. 거기에 대한 대답 역시 우리 모두가 스스로 마련해야 한다. 그렇게 하기 위해서는 다시 처음의 질문으로 돌아가야 한다. 인간의 생명은 무엇인가?

흰빛과 검은빛

평등권

모든 사람은 평등하다. 여기서 평등하다는 의미는 두 가지로 나누어 생각할 수 있겠다.

우선, 모든 사람은 태어날 때부터 동등하다는 것이다. 이런 말을 들으면 고개가 갸웃거려질 것이다. 사실 사람은 태어난 시간이나 장소도 다르고, 겉모습도 다르고, 처한 환경이 모두 다 다르다. 세상에는 자신과 똑같은 사람이란 없으니까 말이다. 복제 인간이라 하더라도 태어난 순서나 위치가 다를 수 있다. 게다가 사람들은 죽는 그날까지 다른 사람과 조금이라도 더 달라지고 싶어한다. 다른 사람들보다 조금이라도 더 나아지기를 원하는 것은 당연한 것 아닐까. 결국은 모든 사람이 똑같아야 평등해지는 것은 아니며, 그렇게 될 수도 없는 일이다.

그렇다면 뒤집어 생각해 보자. 여기서 평등하다는 말은 부당하게 차별을 해서는 안 된다는 의미다. 태어날 때부터 모두 동등하다는 것보다는 쉬워 보이는 설명이지만, 그것도 역시 이해하기가 만만하지 않다. 어떤 것이 부당한 차별일까, 부당한 차별이 어떤 것인지 항상 분명할까? 부당한 차별이 아니라 정당한 차별은 해도 좋다는 말이라면, 사람들은 불만이 없을까?

못에서 나와 둑으로 올라온 새와 짐승들은 모두 흠뻑 젖어 깃과 털에서 물이 뚝뚝 떨어지고 있었다. 도우도우 새가 말했다.

"난 코커스 경주를 하면 몸을 빨리 말릴 수 있다고 생각해."

"코커스 경주? 그게 뭔데?"

먼저 도우도우 새는 동그랗게 경주선을 그렸다. 선의 모양은 아무래도 상관없다고도 한다. 그리고 그 경주선을 따라 모두들 늘어서라고 했다. 그 경기는 출발 신호도 없이 제멋대로 달리다가 자기가 멈추고 싶을 때 언제라도 그만둘 수 있다는 것이었다. 그래서 그 경기가 언제 끝날지는 아무도 알 수 없었다. 그저 다들 열심히 뒤죽박죽으로 달렸고, 30분 정도 지나자 젖은 몸은 상당히 말라 있었다. 그러자 도우도우 새가 소리쳤다.

"경기 끝!"

그러자 모두 가쁜 숨을 몰아쉬며 앞다투어 물었다.

"누가 이긴 거야?"

질문을 받은 도우도우 새는 난처한 듯 한 손가락을 이마에 댄 채 오랫동안 생각에 잠기더니 입을 열었다.

"모두 이긴 거야. 그러니 모두 상을 받아야지."

모두들 앨리스 주위로 몰려들어 상을 달라고 아우성을 쳤다. 앨리스는 주머니에서 컴핏 과자를 꺼내 나누어 주었다. 신기하게도 과자 수와 동물의 수가 딱 맞아 떨어져 골고루 한 개씩 나누어 줄 수 있었다.

앨리스가 이상한 나라에서 경험한 이 사건은 평등에 대하여 생각할 거리를 많이 던져 준다. 난생 처음 들어보는 코커스 경주를 마음속에 새겨 두고 평등이 무엇인지 생각해 보자.

고양이에게도 왕을 쳐다볼 자유가 있어요

요즘 우리가 말하는 인간의 권리란 자유와 평등의 사상이 널리 퍼지면서 생겨난 것이다. 자유와 함께 평등 사상이 싹을 틔우고 꽃을 피운 것은 중세 시대였다. 간단하게 말하자면, 중세 시대의 왕과 봉건 제도가 자유를 억누르고 사람들을 불평등하게 다뤘다. 중세의 왕은 절대적인 권한을 쥐고 있었다. 왕의 힘 앞에 아무도 감히 맞설 수 없었다.

그러한 왕의 힘을 가능하게 한 것이 봉건 제도다. 왕은 국가의 땅을 자기 밑에 있는 성직자나 귀족들에게 조금씩 나누어 주었다. 그 대가로 귀족들은 왕에게 충성을 서약했다. 이들보다 못한 시민들은 제한된 직업과 재산을 가지고 만족해야 했다. 맨 아래층 사람들은 노예처럼 힘든 노동을 해야만 했고, 자유는 거의 누릴 수 없었다. 이렇게 중세 사회에는 절대 군주인 왕 밑으로 귀족·시민·농노 등의 계급이 있었고, 계급에 따른 차별도 당연한 것으로 여겼다.

생텍쥐페리의 《어린 왕자》에는 보통 사람들과는 다른 왕의 모습이 나온다. 비612호라는 작은 별에 살던 어린 왕자는 어느 날 일거리도 구하고 견문도 넓힐 생각으로 다른 별들을 찾아 나섰다.

첫번째 별에는 왕이 살고 있었다. 그 왕은 자줏빛 천과 흰 담비 모피로 된 옷을 입고 매우 검소하면서도 위엄 있는 옥좌에 앉아 있었다.

"아! 신하가 한 명 왔구나!"

어린 왕자가 오는 것을 보자 왕이 큰 소리로 외쳤다.

그래서 어린 왕자는 이상한 생각이 들었다.

'한 번도 본 적이 없는데 어떻게 나를 알아볼까?'

왕에게는 세상이 아주 간단하다는 것을 그는 알지 못했던 것이다.

왕에게는 모든 사람이 다 신하인 것이다.

중세의 왕들도 그러했다. 왕은 하늘의 신을 제외하고는 모두가 자신의 발 아래에 있다고 믿었다. 어떤 왕은 자신이 사람이 아니라 신이라고 착각했을 정도였다.

어린 왕자가 만난 첫 번째 별의 왕은 차림이 검소하고 성품도 어질어 보인다. 서양 중세의 왕들 중에서도 그런 훌륭한 왕이 있었을 것이다. 하지만 절대 권력을 가진 왕은 대부분 욕심이 지나쳐서 많은 사람들을 괴롭히게 마련이다.

《이상한 나라의 앨리스》에서 앨리스가 여행한 곳이 중세의 나라였는지 모르지만, 비슷한 풍경이었다.

"여왕님이시다! 여왕님이시다!"

큰 소리가 들리자 세 정원사는 모두 얼굴을 땅바닥에 대고 납작 엎드렸다. 여러 사람들이 저벅거리며 다가오는 발자국 소리가 들렸다. 앨리스는 여왕을 보기 위해 돌아다 보았다.

긴 행렬의 마지막에 하트 나라의 여왕과 왕이 모습을 나타냈다. 이때 앨리스는 잠시 갈팡질팡하지 않을 수 없었다. 정원사들처럼 땅바닥에 넙죽 엎드려야 할지 어쩔지 몰라서였다. 그러나 여왕의 행렬을 만났을 때 반드시 엎드려야 한다는 법이 있다는 소리를 들은 기억은 없었다.

'모두 다 엎드려 버린다면 아무도 행렬을 볼 수 없잖아? 아무도 볼 수 없다면 행차를 할 필요도 없잖아!'

여기서 앨리스가 왕에 대해 가졌던 생각에는 평등 사상이 깔려 있다. 하트 나라의 세 정원사는 우리가 갖고 노는 트럼프 카드였는데, 엎드렸을 때는 트럼프의 뒷면만 눈에 보인다. 왕이건 왕비이건 카드의 뒷면은 무늬가 모두 똑같지 않은가. 왕 앞에 엎드렸을 때 보이는 똑같은 뒷면은 평등에 대한 앨리스의 생각을 상징하는 것 같다. 앨리스가 왕과 왕비의 행차에서 엎드리지 않았다고 왕비가 노발대발하지만, 앨리스는 당당하게 평등의 권리를 주장한다. 왕이 자기를 빤히 쳐다본다고 고양이에게 호통을 치자, 고양이를 변호하고 나선 앨리스의 목소리도 당당하다.

"건방지게 굴지 마! 그리고 그런 눈으로 날 쳐다보지 마!"

왕은 이렇게 말하면서 앨리스의 뒤로 슬금슬금 몸을 숨겼다. 그러자 앨리스가 말했다.

"어느 책에서 읽었는지 기억은 나지 않지만, 고양이에게도 왕을 쳐다볼 자유가 있어요."

앨리스가 말한 '고양이도 왕을 쳐다볼 수 있다'는 말은 영국 속담이다. 아랫사람이라도 윗사람 앞에서 무슨 일이든 할 수 있다는 뜻이다. 사람은 누구나 평등하다는 의미를 담고 있다.

왕이 나쁜 태도를 보이면, 아무리 바위처럼 단단하고 성처럼 높은 중세 왕의 권위라 하더라도 거기에 대항하려는 움직임이 생기는 법이다. 처음에는 왕과 가까이 있는 귀족들이 앨리스처럼 나섰다. 자신들에게 주어진 제한된 자유와 권리에 만족하지 않고 그 범위를 조금씩 넓혀 가고 싶었던 것이다. 중세의 귀족들은 땅은 많이 갖고, 세금은 적게 내며, 가능한 왕의 간섭을 피하려고 노력했다. 그리하여 기회가 생길 때마다 왕을 압박해서 자기 계급의 권리를 확보하고, 왕과 약속한 것을 문서로 남겼다. 그렇게 귀족들에 의해 허물어지기 시작한 왕의 권한은 시간이 지나면서 그 아래 시민 계급의 도전까지 받게 되었다. 그리고 드디어 귀족과 시민 계급의 힘에 의해 중세 왕권과 봉건 제도는 완전히 무너졌다. 왕이 아예 없어지거나, 왕이 있어도 법 앞에서는 보통 사람과 같을 수밖에 없게 됐다. 말하자면 중세 서양에서 움튼 평등 사상은 모든 사람들의 권리와 그 위에 군림한 왕의 권한과의 거리를 조금씩 좁혀 가는 것이었다.

그러나 평등에 관한 사상이 중세 이전에는 전혀 없었던 것은 아니다. 지금으로부터 약 2,300년 전, 키프로스 출신의 철학자 제논은 돌기둥이 늘어선 건물의 현관에 사람들을 불러 놓고 강연을 했다. 그는 사람은 모두 욕심을 버리고 자연에 따라 살아야 한다고 했다. 이 세상에는 우주를 지배하는 큰 원칙이 있다고 믿었기 때문이다. 그 원칙은 지구상에 사는 모든 사람에게 똑같이 공평하게 적용된다는 것이다. 귀족이든 노예든, 그리스나 로마 사람이든 다른 민족이든, 정의의 법칙은 누구에게나 평등하다는 사상을 강조했다. 따라서 국가가 다르다고 해서 법이 달라져야 할 이유도 없다는 것이었다.

이런 평등 사상은 로마의 황제들과 법학자들에게 큰 영향을 미쳤다. 그 결과 로마에서는 여자와 어린이, 그리고 노예들을 보호하는 법이 계속 제정되었다. 원래 로마에선 부인들에게 법적 권리를 인정하지 않았으나, 아우구스투스 황제는 남편이 죽은 뒤 길러야 할 아이가 있는 경우 여자에게 혼자서 행동할 수 있는 권리를 인정했다. 하지만 로마의 노예들은 여전히 인간이 아닌 물건처럼 취급받았다. 그러나 네로 황제는 주인이 노예에게 비인간적인 학대를 하지 못하게 하는 법을 만들었다. 이후에는 노예를 함부로 죽인 주인에게 벌을 내리기도 했다.

마틴 루터 킹과 마하트마 간디가 당한 차별

로마시대로부터 수천 년, 봉건시대로부터 수백 년 가까이 지났으면 모든 사람이 더없이 평등해 있을 것 같지만 현실은 그렇지 못하다. 지금으로부터 불과 70여 년 전만 해도 이런 일이 벌어졌다.

어느 맑게 갠 가을날 오후, 학교에서 돌아온 마틴 루터 킹 주니어는 길 건너편 톰의 집으로 달려갔다. 그러나 톰의 어머니는 마틴의 등을 떠밀며 이렇게 말했다.

"마틴, 잘 들어라. 너희들이 어렸을 때는 같이 놀 수 있었지. 그러나 이제는 학교에 들어갔으니까 같이 놀 수 없단다. 너는 너대로 다른 친구를 사귀어야 해."

마틴은 깜짝 놀라서, 왜 놀 수 없느냐고 물었다.

"너는 흑인이고 우리는 백인이니까"라고 말하며 톰의 어머니는 문을 닫았다.

만약 우리 중 누군가가 어린 시절의 마틴과 같은 일을 당했다면 느낌이 어떨지 생각해 보자. 누구도 톰 어머니의 말이나 행동이 옳다고 생각하지 않을 것이다.

위의 얘기는 실제로 있었던 일이다. 미국의 흑인 지도자였던 마틴 루터 킹 목사가 어렸을 때 겪은 슬픈 경험이다. 1929년 미국 조지아주 애틀랜타에서 태어난 킹 목사는 어려서부터 흑백 차별과 경제적 불평등을 보면서 자랐다. 그리하여 훗날에는 그런 잘못된 사회를 바꾸어 보겠다는 꿈을 가지고 억압당하는 미국의 흑인들을 위해 몸을 던져 싸웠다. 여러 차례 체포되면서도 끝내 굴하지 않아 악법을 고치는 성과도 올렸다. 그 공로로 노벨 평화상까지 받았지만 안타깝게도 그는 괴한의 총에 맞아 쓰러지고 말았다.

얼굴 색이 검다고 친구와 놀지 못하게 하는 톰 어머니의 행동에 우리가 화를 내는 이유는 무엇일까? 바로 피부 색깔이 다르다고 사람을 차별했기 때문이다. 그러면 톰의 어머니처럼 사람을 차별하면 안 되는 이유는 무엇일까? 우리는 인간이 모두 평등하다고 믿기 때문이다.

톰의 어머니가 흑인을 싫어하는 것은 개인의 자유라고 할 수 있다. 피부 빛깔에 따라 사람을 좋아하고 싫어하는 게 개인의 취향이라면, 그리고 그것 때문에 사람을 차별한다면 우리는 그 사람을 도덕적으로 비난할 수 있을 뿐이다. 하지만 이런 차별이 톰 어머니와 같은 개인이 아니라 국가나 제도에 의해 일어난다면 그것은 전혀 다른 문제가 된다.

몇백 년 전의 중세 시대가 아니라 불과 몇십 년 전의 현대에도 미국뿐 아니라 세계 곳곳에서 이런 국가적 차원의 불평등이 존재했다는 것을 알면 모두 놀랄까?

조국인 인도의 독립을 위해 비폭력 저항을 외쳤던 마하트마 간디도 킹 목사와 비슷한 차별을 겪었다. 영국에서 변호사 자격을 얻은 간디는 남아프리카공화국의 더반에서 프리토리아로 여행을 하게 됐다. 요하네스버그에서 기차를 갈아탔는데, 어느 순간 역무원이 와서 화물칸으로 가라고 했다. 백인이 아니면 일등칸에 탈 수 없다는 이유 때문이었다. 간디는 일등칸 표를 샀으니 나갈 수 없다고 버텼다. 그러자 경찰이 나타나 다음 역에서 간디를 강제로 기차에서 쫓아 냈다. 간디는 해발 600미터 고지의 대합실에서 외투도 없이 벌벌 떨었다고 한다. 누구도 이런 차별을 겪으면 그냥 넘길 수 없을 것이다.

국가의 제도로 사람을 차별하는 것은 어떤 이유로도 옳지 않다. 그렇다고 다른 경우엔 차별해도 좋다는 것은 물론 아니다. 사람들이 모여 사는 어느 사회에서 조직의 힘으로 차별하는 것도 허용되지 않는다. 백인만 입학시키는 학교라든지, 행색이 초라한 사람의 입장을 거절하는 식당이라든지, 키가 작은 사람은 입사를 못하게 하는 회사가 있다면, 그것도 모두 참을 수 없는 일이다.

국가나 조직이 아니라 톰의 어머니와 같은 개인이라 하더라도 사람을 부당한 이유로 차별하는 것은 옳지 못하다는 마음가짐을 가져야 한다. 내가 다른 사람을 차별하면, 나도 언젠가 차별당한다는 사실을 마음속에 새겨 두어야 한다.

'나에게는 꿈이 있습니다'

모든 사람이 태어나면서 평등하다고 믿는 것은 인간의 존엄성 때문이다. 인간이 존엄하다는 것은 모든 인간이 똑같이 존엄하다는 뜻이다. 누구는 좀더 존엄하고, 누구는 좀 덜 존엄한 것이 결코 아니다. 사람들마다 다 다른 것은 사실이지만, 모두가 평등하다고 믿음으로써 인간으로서 존엄성도 지킬 수 있다. 그래서 세계 모든 사람과 국가가 입을 모아 외친다. 모든 사람은 태어나면서 자유롭고, 평등하게 존엄성과 권리를 가진다. 또 사람은 이성과 양심을 부여받았으므로 서로에게 형제의 정신으로 행동해야 한다고 외치는 것이다.

그런데도 세상은 평등하지 못한 것이 사실이다. 말과 현실은 완전히 다르다. 거기에는 크게 두 가지 원인이 있는 것 같다. 첫째는 사람의 편견이고, 둘째는 사회가 강요하는 경쟁이다.

사람의 편견에 따른 불평등의 대표적 예가 흑백 차별이다. 다른 나라의 이야기이긴 하지만, 흑백 차별은 사람이 사람에 대해 얼마나 공평하지 못하고 비인간적일 수 있는지를 잘 보여 준다. 미국의 흑인 노예 제도의 실상은 우리가 재미있는 모험담으로만 알고 있는 마크 트웨인의 《허클베리 핀의 모험》에 상세하게 그려져 있다. 여기에서 허클베리 핀은 집을 떠나면서 와트슨 아주머니네 노예인 짐을 데리고 흑인 차별이 없는 지역으로 도망간다. 하지만 결국 뜻을 이루지 못하고, 짐은 사람들에게 도로 붙잡혀 감금당하고 만다. 이런 사실을 알고 허클베리와 우리 모두의 친구인 톰 소여는 화가 나고 말았다.

샐리 아주머니가 말했다.

"도망친 검둥이 말이냐? 그 놈은 도망치지 못했어. 사람들이 다시 잡아와 오두막에 처넣고 쇠사슬로 칭칭 감아 놓았어. 주인이 와서 데리고 가거나 팔아치울 때까진 그렇게 하고 있어야 돼!"

톰이 고함을 질렀다.

"그 사람들은 짐을 가둘 권리가 없어! 어서 가! 일 분이라도 지체하면 안 돼. 가서 짐을 풀어 줘! 짐은 노예가 아냐. 짐은 이 땅 위에 걸어 다니는 다른 사람들과 마찬가지로 자유로운 사람이야!"

여기에 나오는 짐은 킹 목사처럼 피부색이 다르다는 이유로 인간으로서 부당한 차별을 겪었다. 미국의 흑백 문제는 미국이라는 나라가 완전히 성립되기 전부터 있었던 흑인 노예 제도에서 비롯한다. 링컨 대통령이 남북 전쟁에서 이기고 노예 제도를 폐지하면서 흑인들은 자유를 얻었다. 하지만 흑인에 대한 차별은 그 뒤로도 여전히 남았다. 흑인들은 집 밖으로 나가면 항상 '백인 전용'이란 안내판을 보며 살았다. 학교, 식당, 수영장 그리고 화장실까지 따로 이용했다. 흑인은 백화점에서 옷을 살 때 미리 입어볼 수 없었다. 시내버스도 앞문에서 요금을 낸 뒤 다시 뒷문으로 가서 타야 했다. 어떤 때는 뒷문으로 달려가는 사이에 버스가 떠나 버리기도 했다. 흑인은 투표권이 없었고, 판사나 배심원이 될 수 없었다. 법정에서 증인 선서할 때 손을 얹는 성경책도 백인용은 달랐다.

이런 말도 안 되는 심한 차별에 대한 조직적인 대항이 바로 킹 목사의 지도로 시작됐다.

1955년 12월 1일, 미국 앨라배마 주 몽고메리 시를 다니는 시내버스에 로자 파크스라는 흑인 여자가 앉아 있었다. 다음 정류장에서 백인들이 타자 운전사는 흑인들한테 자리에서 일어나라고 했다. 버스에 탄 흑인들 대부분이 일어나 자리를 비워 주었지만 파크스 부인만 끝까지 거부했다. 화가 난 운전사는 경찰에 신고했고, 파크스 부인은 체포되었다. 당시 그곳의 법이 그랬기 때문이다. 버스 앞쪽 네 줄은 백인 전용 좌석이고, 그 뒤쪽에만 흑인이 앉을 수 있었다. 그러나 백인 전용 좌석이 모자랄 때는 항상 흑인이 자리를 양보해야 한다는 것이 앨라배마 주의 법이었다.

이 사실을 안 킹 목사는 당장 회의를 열었다. 그리고 모든 흑인들이 버스 안 타기 운동을 벌이기로 했다. 흑인 택시 회사에서는 버스 요금만 받고 흑인들을 태워 주기로 했다. 승용차를 가진 흑인들이 나서서 출근하는 사람들을 도왔다. 이러다 보니 버스는 백인 두세 명만 태운 채 덜렁거리며 달릴 수밖에 없었다. 경찰에서는 버스 영업을 방해했다며 킹 목사를 체포했다. 다른 흑인들은 자기도 체포하라며 경찰서에 줄을 섰다. 버스 안 타기 투쟁은 무려 382일간 계속되었고, 마침내 연방 대법원은 버스에서 인종 차별을 한 앨라배마 주 법이 잘못됐다는 판결을 내렸다. 어떤 백인도 흑인에게 다른 자리로 가서 앉으라는 차별을 강요할 수 없게 되었다.

1963년 8월 28일 흑백 차별 철폐를 위한 워싱턴 행진에 참가한 킹 목사는 '나에게는 꿈이 있습니다'라는 감동적인 연설을 했다.

"나에게는 꿈이 있습니다.

내 아이들이 피부색을 기준으로 사람을 평가하지 않고 인격을 기준으로 사람을 평가하는 나라에서 사는 꿈입니다.

나에게는 꿈이 있습니다!

나에게는 꿈이 있습니다. 흑인 어린이들이 백인 어린이들과 형제자매처럼 손을 마주잡을 수 있는 날이 올 것이라는 꿈입니다.

지금 나에게는 꿈이 있습니다!

골짜기마다 돋우어지고 산마다, 작은 산마다 낮아지며 고르지 않은 곳이 평탄케 되며 험한 곳이 평지가 될 것이요, 주님의 영광이 나타나고 모든 육체가 그것을 함께 보게 될 날이 있을 것이라는 꿈입니다.

이것은 우리 모두의 희망입니다. 이런 희망이 있다면 우리는 절망의 산을 토막 내어 희망의 이정표를 만들 수 있습니다."

여자아이는 똑똑해서 집을 잘 잃어버리지 않거든

이 세상에는 피부 색깔이 서로 다른 사람들이 어울려 살듯이, 여자와 남자가 나란히 협력하며 살아간다. 그런데 흑백과 마찬가지로, 남녀 관계도 심한 차별이 늘 문제였다. 제임스 매튜 배리의 《피터 팬》에는 재미있는 장면이 나온다. 웬디가 말로만 듣던 피터 팬을 처음으로 만나는 장면이다.

웬디는 피터에게 여러 가지를 물었습니다.

"피터, 지금은 누구랑 함께 살고 있지?"

"대개는 집 잃은 아이들이지. 우리는 꿈의 섬에서 살고 있어. 난 그 아이들의 대장이야."

"참 재미있고 유쾌한 곳이겠네."

"맞아, 아주 재미있어. 하지만 조금은 쓸쓸해. 우리 패에는 여자아이가 없거든."

"왜 여자아이가 없어?"

"여자아이는 똑똑해서 집을 잘 잃어버리지 않거든."

피터 팬이 아이들과 함께 살고 있는 꿈의 섬에 여자아이가 한 명도 없다는 게 무척 신기하다. 그 이유를 몰랐다면 그곳에서도 여자를 차별하는 모양이라고 생각했을 것이다. 사실은 꿈의 섬에는 주로 집 잃은 아이들이 모여 있는데, 여자아이들은 남자아이들보다 똑똑해서 집을 잘 잃어버리지 않기 때문이라니 재미있다. 피터 팬이 웬디를 꿈의 섬으로 데려가기 위해 일부러 꾸며 낸 말은 아닐 것이다.

여자가 남자보다 실제로 더 똑똑한지는 잘 모르겠지만 육체적으로 다른 것은 분명하다. 하지만 차이가 있다고 해서 차별해야 할 이유는 없다. 그런데도 옛날부터 남자는 강하다고, 경제권을 쥐고 있다고, 항상 여자보다 우월한 것처럼 행세해 온 것이 사실이다. 여자와 남자가 평등하다는 사실을 인정하고 싶지 않은 것이다. 그래서 남자가 여자를 보는 눈이 바르지 않을 때가 많다.

레프 톨스토이의 〈머슴 에멜리안과 북〉에 나오는 이야기 한 토막을 보자.

왕이 에멜리안의 집 앞을 지날 때, 에멜리안의 아내는 임금을 뵈려고 밖으로 나왔습니다. 그녀의 아름다운 모습에 넋을 잃은 왕은 세상에 저런 미녀가 어디서 나왔을까 하고 놀라움을 감추지 못했습니다.

왕은 마차를 멈추게 하고 에멜리안의 아내를 불러 물었습니다.

"너는 누구냐?"

"농부 에멜리안의 아내입니다."

"너는 이렇게 예쁜데 어떻게 농부의 아내가 되었느냐? 왕비가 될 수도 있었을 텐데.”

“친절하신 말씀은 고맙습니다만, 저는 농부의 아내로 만족하고 있답니다.”

이 부분을 읽고 아무 생각 없이 그냥 넘어간다면 평등 의식에 좀 문제가 있는 사람이다. 이런 왕의 태도는 도대체 이해하기 힘들다. 예쁜 여자는 왜 농부의 아내가 될 수 없다는 말인가? 여기서 왕은 두 가지 점에서 사람을 차별하고 있다. 첫째, 여자의 운명을 마치 남자가 마음대로 결정할 수 있는 듯이 여긴다. 이것은 성별로 사람을 차별하는 것이다. 둘째, 여자를 얼굴로 차별하고 있다. 이것은 외모로 사람을 차별하는 것이다. 이런 잘못된 생각 때문에 이 왕은 농부의 예쁜 아내를 자기가 차지하려고 꾀를 쓰다가 결국 크게 혼쭐만 났다.

이 내용은 러시아에서 전해 내려오는 옛날 이야기다. 하지만 어느 나라나 여성에 대한 남성의 태도가 이렇다는 건 엄연한 사실이다.

사실 여성에 대한 남성의 차별은 흑인에 대한 백인의 차별보다 훨씬 더 오래됐고 정도도 심했다. 흑인과 백인은 모두 같은 인간이기에 차별해서는 안 된다는 생각을 쉽게 할 수 있다. 하지만 남자와 여자는 몸의 생김과 능력이 다르기 때문에 차별해도 된다고 생각하기 쉽다. 이런 여성 차별의 사례는 여기서 다 이야기하기 불가능할 정도로 주변에서 많이 볼 수 있다. 한두 가지만 들어 보자.

미국에서는 변호사가 되려면 법과대학에서 공부하고 변호사 시험에 합격해야 한다. 그런데 20세기 초까지 미국의 법과대학에서는 여학생을 받아 주지 않았다. 법원에서 판사가 한 말은 이렇다. "변호사가 되기 위해서는 많은 시간과 노력이 필요하다. 그런데 여자들은 그 시간에 아이들을 키우고 교육시켜야 한다. 따라서 변호사란 직업은 여자들에게 적합하지 않다." 우리 주변에도 여전히 이와 비슷하게 말하는 어른들이 적지 않다.

여성에 대한 차별은 그것에 그치지 않는다. 선거할 수 있는 권리가 여성에게 주어진 것도 불과 몇십 년 전의 일이다. 그 전까지는 국가와 사회를 이끌 사람을 뽑거나 중요한 결정을 내릴 때 투표할 권리가 여성에게는 전혀 주어지지 않았다.

법적으로 여성을 차별하는 일이 여전히 계속되고 있는 것이 현실이다. 예를 들어 우리나라에서는 몇 년 전까지만 해도 부모가 죽으면서 남긴 유산을 상속할 때 아들과 딸의 몫이 달랐다. 같은 자식이라도 딸은 결혼하면 아들의 4분의 1만 상속받을 수 있었다. 그리고 같은 아들이라도 맏아들은 동생들보다 절반이나 더 많이 받을 수 있었기 때문에, 맏아들과 결혼한 딸이 상속할 수 있는 재산은 꼭 여섯 배 차이가 났다. 단지 여자로 태어났다는 이유로 남자들보다 부당한 차별을 받았던 것이다. 이런 차별도 남성이 여성보다 우월하다는 잘못된 편견에서 비롯한 것이다.

평등을 찾으려는 사람은 묘지로 가라?

흑백이나 남녀 차별을 일으키는 편견만이 불평등을 만드는 것은 아니다. 살아가면서 늘 겪게 마련인 경쟁도 차별을 일으키는 원인이다. 우리가 다니는 학교에서는 공부로 경쟁하고 성적으로 차별하고 있는 것이 사실이다. 학교 밖의 사회에서는 육체와 정신의 노력으로 경쟁하고 돈과 명예로 차별한다. 자유로운 사회에서는 마음대로 경쟁할 수 있어야 한다고 믿는다. 그런데 그런 경쟁의 결과는 항상 차이만 만들고 만다. 그렇다면 경쟁으로 생기는 결과의 차이는 불평등이 아닌 것일까?

태어날 때 모든 사람은 동등하다고 말한다. 하지만 태어난 다음에 자신의 능력과 노력에 따라 생기는 차이는 흔히 불평등이 아니라고들 말한다. 예를 들면 열심히 공부해서 시험을 잘 본 아이들은 일찍 집에 가고, 공부를 못해서 시험을 못 본 아이들만 수업 후에 교실 청소를 해야 한다고 생각해 보자. 이런 능력과 노력에 따른 차별은 모두 받아들여야 한다고 생각하기 쉽다. 흔히 이런 차별을 '합리적 차별'이라고 그럴싸한 이름을 붙인다.

그러나 경쟁에서 이긴 사람은 능력이 있기 때문이고 경쟁에서 진 사람은 능력이 부족하기 때문이란 이유로 모든 차별이 정당하다고는 할 수 없다. 가만히 따져보면, 사람마다 태어날 때부터 환경이나 조건이 같지 않기 때문이다. 참고서를 마음대로 사서 읽고 과외까지 하는 학생과 교과서도 구하기 힘들어 돈을 벌어가며 공부하는 학생이 학교에서 공정한 경쟁을 한다고 할 수 없다. 마찬가지로 돈이 어마어마한 사람과 겨우 몇 푼을 빌릴 수 있을 뿐인 사람이 당당하게 사업으로 경쟁할 수 없을 것이다.

코커스 경기장처럼 동그란 경주선에서는 누구든지 어디서 출발하든 어디에서 멈추든 불이익이 없다. 그리고 결과에 관계없이 똑같이 과자를 나누어 먹을 수 있다. 이런 동화 속의 이야기는 이상적인 평등의 상징이다. 하지만 현실은 모두가 우승하는 동그란 경주선이 아니라 일등부터 꼴찌까지 순서를 가리는 일직선의 경주선에 가깝다. 그래서 독일에는 '평등을 찾으려는 사람은 묘지로 가라'는 말이 있다. 죽은 뒤에야 모든 사람이 진정으로 평등할 수 있다는 이야기다.

사실 사람이 살아가는 세상에서는 모든 것이 똑같을 수 없다. 그러므로 크고 작은 현실의 차별과 차이를 어느 정도는 받아들일 수밖에 없다. 어느 정도를 정당한 것으로 여겨 받아들이고 어느 정도를 부당한 것으로 여겨 거부할 것인지는 우리 스스로 정해야 한다. 평등과 불평등의 경계를 정할 때도 마음속의 편견이 움직여서는 안 된다. 그래서 어느 누구도 인종, 피부색, 성별, 종교, 사상, 신분, 국적, 언어, 재산 등이 다르다는 이유로 사회에서 차별을 당하지 않게 해야 한다. 평등이란 그러한 차별을 없애야 이룰 수 있는 숙제다.

〈흑과 백Evony and Ivory〉이라는 외국 노래가 있다. 백인 가수와 흑인 가수는 어깨를 걸고서 이렇게 함께 노래 부른다.

피아노에는 흰 건반과 검은 건반이 있다.
그 흑백이 조화를 이루어 아름다운 화음을 만들어낸다.
종이는 희고 잉크는 검다.
그 검은 것과 흰 것이 함께 어울릴 때 우리는 글을 읽고 쓸 수 있다.
그런데 왜 사람은 흰 피부와 검은 피부가 사이좋게 지낼 수 없을까.

흑백이나 남녀 문제가 아니더라도 여러 가지 다른 차별은 늘 있다. 우리가 지내온 날들을, 그리고 우리가 살고 있는 사회를 잘 살펴보면, 여러 곳에 차별이 도사리고 있음을 쉽게 알 수 있다. 그 밖에도 우리가 느끼지 못하는 숨어 있는 차별도 많다. 이런 차별은 항상 우리의 편견에서 일어난다. 사람을 차별하게 하는 편견을 고치는 노력은 살 만한 세상을 만들기 위해서 꼭 필요한 일이다.

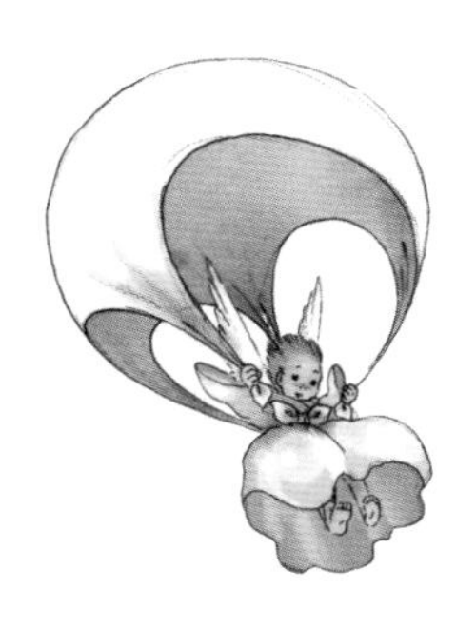

나에게 노래와 잠을 돌려 주세요

행복추구권

틸틸과 미틸이 문 여는 것을 망설이며 서 있는데, 커다란 빗장이 저절로 삐걱거리며 올라가더니, 문이 반쯤 열리고 초록빛 옷에 빨간 두건을 쓴 자그마한 할머니가 들어온다. 곱추에다 절름발이이고 근시인데다가 구부러진 코끝은 턱까지 닿을 듯한 생김새다. 굽은 허리에 지팡이를 짚고 있다. 첫눈에 요술쟁이 할머니라는 것을 알아볼 수 있었다.

요술쟁이 할머니 : 이 집에 노래하는 풀이나 파랑새는 없느냐?

틸틸 : 풀은 있지만, 노래는 못 해요.

미틸 : 우리 오빠는 새를 가지고 있어요.

틸틸 : 하지만 저건 드릴 수 없어요.

요술쟁이 할머니 : 음, 저 새는 필요 없다. 저 새는 완전히 파랗지 않으니까. 너희들은 이제부터 내가 필요로 하는 파랑새를 찾으러 가줘야겠다.

틸틸 : 그렇지만 저희는 그게 어디 있는지 모르는걸요.

요술쟁이 할머니 : 나도 모른단다. 그러니까 찾아야 해. 노래하는 풀은 없어도 되지만, 파랑새는 무슨 일이 있어도 찾아야 한단다. 내 딸아이가 몹시 앓고 있어. 그 아이를 위해 꼭 필요하단 말이야.

틸틸 : 따님이 어떻게 됐는데요?

요술쟁이 할머니 : 그 애는 행복해지고 싶은 거란다.

자신만의 파랑새를 찾으러 떠나는 여행

《파랑새》에서 틸틸과 미틸 남매가 크리스마스 이브에 요술쟁이 할머니를 만나는 장면이다. 할머니는 아픈 딸아이가 행복해지도록 파랑새를 찾아달라고 남매에게 부탁한다. 아이들은 파랑새가 무엇인지 모르지만 그것은 바로 행복을 상징하는 것이다. 틸틸과 미틸은 결국 행복을 찾아 여행을 떠난다. 사실 우리도 모두 살아가면서 행복을 쫓아 다닌다. 한 사람의 일생은 어쩌면 제각기 자신의 파랑새를 잡으려는 여행인지 모른다.

사람은 누구나 행복해지고 싶어한다. 그렇다면 행복이란 도대체 무엇일까? 나의 행복에 대해 스스로 질문을 던져보는 것은 아주 중요한 일이다. 행복을 무엇이라고 정하느냐에 따라서 나의 삶이 달라질 수 있기 때문이다. 행복을 생각하면 뭐가 먼저 떠오르는가? 누구는 맛있는 음식을, 누구는 두둑한 용돈을, 누구는 100점짜리 성적표를 떠올릴 것이다.

몇 가지 생각이 떠오른다. 먼저 '행복이 무엇인가' 하는 것이다. 사람마다 생각하는 행복이 다를 수밖에 없다. 그 다음에는 '행복을 어떻게 얻을 것인가' 하는 것이다. 자기가 생각하는 행복의 모습이 분명하다면 열심히 노력한다고 행복해질 수 있는 것인지 궁금하다. 마지막으로 우리는 누구나 행복하게 살 권리가 있는가 하는 것이다. 도대체 행복의 권리란 어떤 것일까?

틸틸과 미틸 남매처럼 가난한 크리스마스를 보내야 하는 《작은 아씨들》의 네 자매들이 푸념을 늘어놓고 있다.

"선물이 없는 크리스마스란 생각할 수도 없어."

조는 난로 가에 앉아 투덜거렸다.

"가난은 정말 질색이야."

메그는 자신의 초라하고 해진 옷을 보며 한숨을 내쉬었다.

"좋은 것을 많이 가진 사람이 있는가 하면 아무것도 가질 수 없는 사람도 있고……. 이건 너무 불공평해."

어린 에이미까지 씩씩거렸다.

"하지만 우리에겐 엄마와 아빠, 그리고 이렇게 좋은 형제가 있잖아?"

여느 때와 같이 베스가 차분하게 말했다.

난로의 불빛을 받은 네 사람의 얼굴이 그 말을 듣는 순간 환하게 밝아졌다. 그러나 이내 다시 어두워졌다.

산타클로스 할아버지가 찾아오지 못할 만큼 가난한 자매들에게 행복이 뭐냐고 물었다면 선물을 푸짐하게 받을 수 있는 풍요로운 크리스마스라고 대답했을까?

이 책을 쓴 루이자 메이 올컷은 가족과 함께 미국의 콩코드에 살았다. 루이자를 포함한 네 자매는 어린 시절 아버지로부터 글을 배우고 집안 일을 함께했고, 달빛 아래서 스케이트를 지치기도 하고, 월든 호수에 소풍을 다니기도 했다. 그러나 그 행복은 가난 때문에 오래가지 못했다. 그래서 루이자는 어느 날 가난하지만 희망을 잃지 않는 아름다운 가족의 이야기를 쓰기 시작했다. 얼마나 열심히 썼던지 오른손에

통증이 왔고, 그러자 왼손으로 계속 책을 썼다. 이렇게 자신이 겪은 가족들의 이야기를 소설로 쓴 것이 바로《작은 아씨들》이었다. 이 책은 인기가 많아 순식간에 팔려 나갔다. 루이자는 그 돈으로 집에 카펫을 깔고 책을 사고 어머니 아버지께 선물도 하고, 맛있는 음식을 장만할 수 있었다. 다시 행복을 되찾은 느낌이었을 것이다.

이처럼 행복은 그다지 불만이 없는 상태를 말한다. 특별히 부족한 것이 없어서 흐뭇하고 만족한 기분이면 행복하다고 할 수 있다. 뭔가 많이 가지지는 못하더라도, 느긋하고 평화스런 마음을 유지할 수 있으면 틀림없이 그건 행복한 순간이라고 해도 좋을 것 같다.

하지만《작은 아씨들》의 자매들처럼 사람은 뭔가 부족하면 불만을 느끼고 불행하다고 생각한다. 가지고 싶은 것을 갖지 못하면 가지려는 욕심 때문에 마음의 고통이 생긴다. 고통이 생기면 절대 행복해질 수 없다. 그래서 우선 행복해지는 가장 간단한 방법은 내게 모자라는 것이나 내가 갖고 싶은 것을 가지는 것이 아닐까 생각할 수 있다.

사람마다 가지고 싶은 것이 저마다 다르다. 어떤 사람은 돈을, 어떤 사람은 물건을, 어떤 사람은 명예나 건강을 원한다. 따라서 사람마다 생각하는 행복의 모습은 같을 수 없다. 행복의 종류가 얼마나 많은지《파랑새》에 나오는 행복의 말을 들어보자.

틸틸 : 그럼 우리집에도 행복이 많다는 거야?

행복 : 어느 구석에도 행복은 가득 차 있는 거예요. 우리는 웃고, 노래하고, 지붕과 벽이 날아갈 정도로 요동치고 있어요. 그런데도 사람들은 눈치를 못 채지요. 이제부터는 좀더 주의를 해보세요. 그러면 우리를 전부 알아보게 될 테니까. 건강의 행복, 맑은 공기의 행복, 부모님을 사랑하는 행복, 푸른 하늘의 행복, 양지의 행복, 숲의 행복.

틸틸 : 그래, 너희들은 언제나 이렇게 아름답니?

행복 : 물론 지금 그대로지요. 사람들이 행복을 찾는 데 게을러서 우리를 못 볼 뿐이지요. 우리와 친해지면 많은 행복을 볼 수 있어요. 봄의 행복, 해지는 행복, 별 보는 행복, 비의 행복, 겨울 난롯불의 행복, 천진한 생각을 하는 행복, 이슬 위를 맨발로 달리는 행복…….

그렇다. 행복의 말을 직접 들으니 역시 행복은 우리 주변에 아주 많다. 가만히 생각해 보면 사람의 불만이란 항상 눈에 보이는 무엇인가를 가지지 못한다고 생겨나는 것은 아닌 것 같다. 평소에 우리가 생각하지 못했던 것이나 해나 별빛 또는 눈이나 비의 감촉처럼 주변의 자연에서도 얼마든지 행복을 찾을 수 있다.

하지만 누군가 어떤 행복을 강요한다면 그것은 행복이라고 할 수 없을 것이다. 아무리 좋은 것이라 해도 스스로 원하는 것을 할 때 사람은 진정으로 행복하기 때문이다. 행복은 우선 내가 하고 싶은 것을 내 마음대로 할 수 있는 데서 시작한다. 일하고 싶을 때 일하고, 쉬고 싶을 때 쉴 수 있어야 한다.

행복은 자기 자신의 개성을 마음껏 발휘할 수 있는 자유를 말한다. 자기가 사고 싶은 것을 사고, 팔고 싶은 것을 팔 때 행복해질 수 있다. 자기의 행복은 자신이 제일 잘 안다. 다른 사람들이 이상하게 쳐다보더라도 머리를 새빨갛게 염색할 수 있는 것이 행복을 추구하는 방식의 하나다. 자신의 현재 생활과 미래의 꿈을 자기가 결정할 수 없다면 그보다 불행한 일은 없을 것이다. 학교와 직업을 직접 선택하는 것도, 결혼을 할 것인가 말 것인가를 결정하는 것도 스스로 해야 한다. 때로는 남성이 남성을 사랑하고, 여성이 여성을 사랑하는 것조차 자신의 행복을 위한 당연한 권리다.

나에게 노래와 잠을 돌려 주세요

그렇다면 행복을 어디에서 찾아 어떻게 자기 것으로 만들 수 있을까? 사람은 행복을 발견하고 그 행복을 갖기 위해서 평생을 바친다. 그러나 행복은 아예 자취를 감춰 버리는가 하면, 나타났다가도 금방 사라지기도 한다. 행복은 가만히 기다린다고 찾아오지도 않고, 찾아 나선다고 쉽게 드러나지도 않는 무지개와 같은 것인지도 모르겠다.

빛 : 이번에야말로 파랑새가 손에 들어올 것 같아요. 우리는 지금 인간의 모든 행복을 모아 놓은 마술의 꽃동산 입구에 와 있어요. 여기에는 인간의 모든 행복과 즐거움이 깃들여 있어요.

틸틸 : 행복이 많이 있나요?

빛 : 작은 것도 있고, 큰 것도 있고, 비천한 것이 있는가 하면 고귀한 것도 있고, 아름다운 것, 보기 흉한 것도 있지요. 하지만 제일 보기 흉한 것은 얼마 전 이 궁전에서 내쫓겨 '불행의 동굴'로 갔어요. 행복의 궁전과 불행이 살고 있는 동굴은 서로 이웃해 있는데, 그 사이에는 정의의 언덕과 영원의 골짜기에서 부는 바람이 항상 마주치고 있어요.

《파랑새》에 나오는 빛은 행복이 어디 있는지 잘 아는 것 같다. 그런데 빛의 말이 맞다 해도 그곳에 가기란 쉽지 않을 것 같다. 행복의 궁전 부근 골짜기에서 불어대는 강한 바람 때문에 금방 달려가기는 힘들 테니까 말이다.《이솝 우화》에서는 행복에 쉽게 다가갈 수 없는 이유를 이렇게 이야기하고 있다.

행복은 약하고 불행은 강했다. 힘센 불행의 괴롭힘을 견디지 못하고 피해 다니던 행복은 하늘로 올라가 버렸다. 하늘의 제우스 신은 이렇게 말했다.

"행복이 모두 이곳에 있으면 나쁜 불행한테 고생을 당하지 않게 되

어 좋겠지만, 세상 사람들은 행복을 기다리고 있다. 그 사람들을 생각하면 너희들이 여기서 살 수만은 없다. 그러니 한꺼번에 내려가지 말고, 잘 살펴본 뒤 행복을 얻을 수 있는 사람에게로 바로 뛰어가도록 해라. 그러면 머뭇거리다가 불행에게 붙잡히는 일은 없게 될 거야."

그래서 이 세상에 불행은 숱하게 나뒹구는데 행복은 눈에 잘 띄지 않는 것일까?

쉽게 행복을 찾을 수 없기 때문에, 많은 사람들은 혹시 돈이 많을수록 더욱 행복해지지 않을까 생각한다. 돈만 있으면 자기가 사고 싶은 것은 무엇이든 사고, 먹고 싶은 것도 마음대로 먹을 수 있고, 가보고 싶은 곳도 언제든 갈 수 있기 때문이다. 하지만 돈은 생활을 좀더 편하게 만들 수는 있어도 항상 행복을 가져다 주지는 않을 것이다.

프랑스의 이솝이라고 할 수 있는 라 퐁텐 시인이 쓴 우화 중에 〈구두 수선공과 은행가〉라는 이야기가 이런 사실을 잘 보여 준다.

어느 구두 수선공이 아침부터 저녁까지 노래를 부르고 있었다. 그런 모습을 보는 것은 기분 좋은 일이었고, 그 노래를 듣는 것 또한 그랬다. 그는 조화로운 화음을 냈다. 그리스의 현인들도 그보다 더 만족스러울 수는 없었다.

그와는 반대로 이웃에 사는 이는 굉장한 부자였지만, 노래라고는 거의 부르질 않았으며, 잠은 더더욱 부족했다. 그는 은행가였다.

때때로 새벽 무렵 설핏 잠이 들라치면 구두 수선공의 노랫소리가 그의 잠을 깨우곤 했다.

그러면 이 은행가는 '하느님이 어째서 먹을 것이나 마실 것처럼 시장에서 잠을 팔도록 해놓지 않았을까' 하며 불평을 했다.

가난한 구두 수선공은 자신의 일에 만족하며 느긋하게 노래를 부를 줄 알았다. 그러나 은행가는 엄청난 돈을 가졌지만 항상 불만에 차 있었다. 노래를 부를 여유라곤 전혀 없었다. 특히 그에겐 잠이 부족했다. 잠이라도 푹 잘 수 있었으면 행복했을지 모른다. 그에게는 잠을 돈으로 살 수 없다는 사실조차 불평이었다. 이처럼 행복은 결코 돈으로 살 수 없는 것이다.

때로는 돈이 행복은커녕 불행을 가져다 주기도 한다. 앞서 본 구두 수선공이 그랬다. 은행가는 세상물정 모르는 구두 수선공에게 돈을 주었다. 그 돈을 받은 구두 수선공은 어떻게 됐을까?

그는 집으로 돌아왔다. 그리고 지하 저장고 안에 그 돈과 더불어 자신의 즐거움도 묻어 버렸다. 더 이상 노래도 부르지 않았다. 우리에게 고통을 주는 돈이란 것을 얻는 순간 목소리가 나오지 않게 된 것이다.

집에서는 잠도 오지 않았고, 근심과 의심, 쓸데없는 경계심만 찾아

왔다. 하루 종일 감시의 눈길을 늦추지 않았고, 밤에는 고양이 소리만 들려도 누군가 돈을 훔치러 온 것은 아닐까 걱정스러웠다.

결국 이 가련한 남자는 더 이상 자기 노랫소리에 잠이 깨지 않는 그 은행가에게 달려가서 이렇게 말했다.

“제게 노래와 잠을 돌려 주세요. 그리고 준 돈은 도로 가져가십시오.”

너와 나, 우리 모두 행복할 권리

사실 돈과 재물이 사람들에게 어느 정도 골고루 나누어져 있느냐는 평등의 잣대가 된다. 그래서 필요한 만큼의 돈과 재물을 가지지 못하는 사람은 스스로 불행하다고 느끼기도 한다. 불행한 일을 당하지 않으려는 마음은 행복을 누리려는 작은 욕심이기도 하다. 예로부터 철학자들은 행복을 얻는 데 두 가지 방법이 있다고 했다. 많이 가지거나 욕심을 줄이는 것, 즉 즐거움을 늘리거나 고통을 줄이는 것이다.

어쩌면 우리가 평등을 원하는 것도 결국은 행복해지기 위해서인지 모른다. 그렇다면 평등은 행복의 조건이자 배경이 되는 셈이다. 너에게 평등할 권리가 있듯이, 나에게도 행복할 권리가 있다. ‘모든 사람은 행복을 추구할 권리가 있다.’ 이런 말이 법으로 정해져 있기도 하다.

얼마나 멋있고 아름다운 말인가. 너에게도, 나에게도, 모두가 행복할 권리가 있다니 말이다.

법으로 정해 두지 않아도, 누구에게나 행복을 추구할 권리는 당연히 있다. 아무리 힘이 있고 돈이 많은 사람이라도 다른 사람에게 불행을 강요할 수는 없다. 그렇다면 우리는 왜 굳이 행복의 권리를 이야기하는 것일까?

행복할 권리가 있다는 것은, 내가 국가나 다른 사람으로부터 행복을 누릴 자유를 방해받지 않아야 한다는 의미다. 국가는 우리 모두를 행복하게 할 의무가 있다. 내가 행복을 누리기 위해 하는 행위를 국가는 정당한 이유 없이 방해해서는 안 된다. 마찬가지로 나에게도 다른 사람의 행복을 깨뜨려서는 안 될 의무가 있다.

어떤 법은 이렇게 정하고 있다. 4층 이상 되는 건물을 가진 사람은 무조건 종합 화재 보험에 들어야 한다고. 그런데 한 사람이 이 법을 거부했다. 돈이 많이 드는 종합 보험에 들기 싫었기 때문이다. 그 사람은 어떤 내용의 계약을 체결하지 않을 자유도 자신의 행복에 속하는 일이라고 주장했다. 법의 잘못을 판단하는 헌법재판소에서는 그 사람의 생각이 옳다고 손을 들어 주었다. 돈을 쓰지 않고 느끼는 개인의 행복을 국가에서 침해할 수는 없다는 것이다.

이런 법도 있다. 허례허식을 없애기 위해 결혼식장에서 손님들에게 음식을 대접해서는 안 된다고 정한 법이 있었다. 그러나 결혼을 앞둔

한 남자가 그 법의 명령을 참을 수 없었다. 결혼식에 축하하러 온 손님들에게 음식을 대접하는 일은 인류의 오래된 미풍양속 중 하나이기 때문이다. 그리고 당연히 이런 전통과 관습에 따라 행동하는 것은 개인이 행복을 누릴 자유에 속한다. 이때도 헌법재판소는 그 예비 신랑의 손을 들어 주었다. 결혼을 축하하기 위해 방문한 손님에게 술 한 잔과 떡 한 접시조차 접대하지 못하게 하는 법은 개인의 행복을 깨뜨린다고 판단한 것이다.

소망의 거울을 보통 거울처럼 사용하는 사람

행복은 파랑새처럼 어딘가에 숨어서 우리를 기다리고 있는 게 아니다. 특별히 만들어져 있다가 우리가 간절히 바랄 때 원하는 모양으로 얻을 수 있는 것도 아니다.

무엇보다 중요한 것은 큰 기쁨들이 아니라 작은 기쁨들에서 큰 기쁨을 만들어내는 것입니다. 아저씨, 저는 행복의 비결을 발견했어요. 그것은 바로 '현재'에 만족하며 한순간 한순간을 보람 있게 사는 거라고 생각해요. 그것은 과거를 영원히 후회하거나 미래를 막연히 기대하는 것이 아니라 바로 이 순간에서 가능한 최대의 보람을 얻는 것입니다. 저는 모든 순간을 즐기려고 하며, 그리고 즐기고 있다는 것을 마음으로 느끼려 해요.

많은 사람들은 삶을 마치 경주라고 생각하는 듯해요. 그리고 목적지에 빨리 도달하려고 헉헉거리며 달리는 동안, 주변에 있는 아름답고 조용한 경치는 모두 놓치고 마는 거예요. 경주가 끝날 때쯤에는 자기가 너무 늙었다는 것, 목적지에 도착하는 것은 별 의미가 없다는 것을 알게 되지요.

미국 작가 진 웹스터가 쓴《키다리 아저씨》에서 주디가 키다리 아저씨에게 보낸 편지 중 하나다. 키다리 아저씨에게 편지를 쓰던 주디도 어렴풋하지만 행복이 무엇인지 깨닫는 것 같다. 주디는 장차 고아원 원장이 될 꿈을 꾼다. 고아원에서 벌어질 여러 가지 말썽들에 대한 대책도 꾸며 본다. 그러면서 고아원 아이들은 점점 행복해질 것이라고 믿는다. 그것은 누구나 행복하게 살아야 한다고 믿고 있기 때문이다.

주디의 말처럼 행복은 사실 매 순간에 있는 것이다. 그리고 각자가 인간으로서의 역할을 다하면서 스스로 만들어내는 것이다. 그렇다면 결국 행복을 추구한다는 것은 스스로 인간으로서 존엄과 가치를 이루어 낸다는 의미다. 하지만 많은 사람들은 생의 마지막에 이르러서도 행복을 얻지 못했다고 느낀다. 그것은 불행이 행복을 쫓아 버렸기 때문일까, 아니면 행복이 하늘 위에 숨어서 내려오지 않았기 때문일까?

행복은 산울림 같다는 말이 있다. 대답은 하지만 찾아오지는 않기 때문이다. 그러나 이런 생각도 든다. 비록 돌아오는 것은 메아리밖에 없다 해도, 언덕 위에 올라 산을 바라보는 것이나, 그 산을 향해 뭔가 소리쳐 부르는 것만으로도 행복하지 않을까.

"세상에서 가장 행복한 사람은 소망의 거울을 보통 거울처럼 사용할 수 있는 사람이다. 즉 그것을 들여다보면 항상 바로 자신의 현재 모습만 보니까."

세계의 어린이들이 열광한《해리 포터》에 '소망의 거울'에 대한 이야기가 나온다. 마법사의 학교에 간 주인공 해리가 찾은 그 거울은 누구에게나 가장 간절히 바라는 것을 비춰 주는 마법의 거울이다. 자상한 덤블도어 교수가 해리에게 전한 말을 생각해 보자.

거꾸로 걷고 물구나무서서 가고

신체의 자유

스웨덴 소녀 말괄량이 삐삐의 원래 이름은 엄청나게 길다. 삐삐로타 델리카테사 윈도셰이드 맥크랠민트 에프레임즈 도우터 롱스타킹이다. 그대로는 도저히 외울 수 없을 것 같아 그냥 삐삐라고 부르는 것이다. 아홉 살인 삐삐는 홍당무처럼 빨간 머리를 두 갈래로 땋고, 주근깨가 박힌 감자같이 생긴 작은 코를 달고, 큰 입에 긴 양말을 신고 있다. 그것도 한쪽은 밤색이고 다른 쪽은 검은색이다. 구두의 길이는 정확히 발 길이의 두 배다. 어릴 때 아빠 엄마를 잃었지만 언제나 즐겁고 유쾌한 친구다.

우리 삐삐는 걸음걸이도 특이하다. 다른 사람들처럼 얌전하게 발걸음을 옮길 수도 있지만, 뒷걸음으로 걷기도 하고, 물구나무를 서서 가기도 한다. 이처럼 때로는 색다르게 걸을 자유도 있다.

삐삐는 한 발은 보도를, 한 발은 길가의 도랑을 밟고 어기적어기적 걸어갔다. 삐삐의 친구인 토미와 아니카는 삐삐의 모습이 보이지 않을 때까지 지켜 보았다. 삐삐는 곧 돌아왔다. 이번에는 뒷걸음질치며 오고 있었다. 집으로 가려고 돌아서는 것이 귀찮았던 것이다. 그렇게 토미와 아니카네 집 대문까지 오자 멈춰 섰다.

아이들은 말없이 서로를 멀뚱멀뚱 바라보고만 있었다.

이윽고 토미가 입을 열었다.

"너. 왜 뒤로 걸어?"

삐삐가 말했다.

"왜 뒤로 걷느냐고? 여긴 자유로운 나라잖아. 자기가 걷고 싶은 대로 걸으면 안 된다는 법 있어? 그리고 한 가지 얘기해 두겠는데, 이집트에서는 누구나 이렇게 걷지만 아무도 이상하게 생각하지 않아."

토미가 물었다.

"그걸 어떻게 알아? 이집트에 가 본 적도 없으면서."

"정말이야. 난 온 세상을 돌아다니면서 뒤로 걷는 사람보다 더 신기한 것도 많이 봤어. 내가 인도 사람들처럼 물구나무를 선 채 걸어 왔다면 네가 뭐라고 했을지 정말 궁금하다."

마음대로 걷는 자유는 삐삐에게만 있는 게 아니다. 우리 모두에게 그런 자유가 보장돼 있다. 내가 이쪽으로 걷거나 저쪽으로 뛰거나 혹은 멈추거나 앉아서 쉬거나 하는 게 다 나의 자유다. 그런데 그때 누군가 불쑥 나타나서는 나를 가로막고 그렇게 걸으면 안 된다고 한다면? 그 순간 신체를 자유롭게 움직일 수 있는 나만의 권리가 침해당하는 것이다.

트럼프 여왕을 만나기 전 앨리스는 이상한 나라를 헤매고 다닐 때 어디로 가야 할지 몰라 망설이고 있었다. 숲속에서 체셔 고양이를 다시 만나자 용기를 내서 길을 물었다.

"체셔 고양이야! 이젠 어디로 가야 좋을지 말해 주겠니?"

"그거야 네 맘대로지."

"난 어디가 어딘지 잘 모르는데."

"그냥 네가 가고 싶은 데로 가면 돼."

"어딘가에 이를 때까지?"

엘리스가 덧붙였다.

"어디까지고 걸어가다 보면 반드시 어딘가에 닿게 된단다."

고양이가 말했다. 너무도 당연한 소리만 하는 것이었다.

앨리스가 이상한 나라에서 마음대로 다니면서 조금도 두려움을 느끼지 않은 것은 자신의 신체를 구속당하지 않으면서 행동할 자유가 있다고 믿었기 때문이다. 길에서 만난 고양이 체셔가 "네가 가고 싶은 데를 가면 된다"고 한 것은 그걸 일깨워 주고 있다.

신체의 자유는 동화 속에만 나오는 이야기가 아니라 우리가 늘 겪는 일이다. 우리가 이불 속에서 눈을 뜨면 제일 먼저 떠오르는 생각이 무엇일까? 만약 그날이 공휴일이라면, 아마 이런 생각을 할 것이다. 지금 일어날까, 아니면 좀 늦잠을 잘까? 이른 새벽의 고요함 속에서 눈을 뜨든지, 달콤하게 늦잠을 즐기고 해가 대지를 한참 달군 뒤에 일어나든지 모든 게 자유다. 물론 게으름을 피워서 생기는 불이익은 자신의 몫이지만, 우리가 하고 싶은 대로 행동할 수 있는 것이 우리가 누릴 수 있는 행복의 하나인 것은 분명하다.

일요일 새벽인데도 우리집 광민이는 벌써 사라지고 없다. 친구들과 극장에 가기로 약속했기 때문이다. 학교 첫 수업보다 빠른 시간에 시작하는 첫 회 영화는 요금이 아주 싸다. 그것을 조조할인이라고 부른다. 학교 가는 날이면 흔들어 깨워도 겨우 일어나는 꼬마들이 용돈 몇 푼을 아끼기 위해 서늘한 새벽길을 달린다. 아이들에게도 자신의 행동을 선택할 권리가 있는 법이다.

누구나 하루가 시작되는 아침에 그날 할 일을 먼저 떠올린다. 계획이 미리 세워져 있다 하더라도, 언제쯤 출발하여 무엇을 타고 어디로 갈 것인지를 결정한다. 우리 모두에게는 그런 자유가 있기 때문이다. 행동의 자유라는 것은 우리의 몸을 우리 마음대로 움직일 수 있는 자유를 말한다. 그리고 우리 신체의 완전함을 어느 누구로부터도 훼손당하지 않을 자유도 여기에 포함된다.

올더스 헉슬리라는 영국의 소설가는 이렇게 말했다. "쇠사슬에 묶여 바르게 걷는 것보다, 자유스런 상태에서 비틀거리는 편이 더 낫다." 우리는 누구나 마음대로 움직일 자유가 있다고 믿는다. 그런가 하면, 그런 믿음을 가지기 전에 스스로 자유롭게 움직이고 있다고 느낀다. 자신의 생각대로 행동할 수 없다면 인간으로서의 의미를 잃어버리고 말 것이다.

하지만 다른 한편으로 곰곰이 따져보면, 우리는 행동에 많은 제약을 받고 있는 것이 아닌가 의심이 들기도 한다. 더 깊이 생각하면, 헉슬리가 말하고자 하는 의미가 좀더 분명히 떠오를 것이다. 우리의 행동을 옭아매고자 하는 쇠사슬은 눈에 띄지 않을 뿐이지 주변에서 쉽게 찾을 수 있다. 그 눈에 보이지 않는 쇠사슬을 끊으려고 애쓰는 것이 바로 신체의 자유를 향한 노력이다.

‘금지되지 않은 것’은 ‘자유롭게 할 수 있다’는 뜻?

개인이 마음대로 움직일 자유를 생각하고 있을 때, 국가는 이와는 다른 생각을 가질 수도 있다. 국가나 권력을 가진 집단은 사람들이 정해진 시간에 정해진 곳까지만 가기를 원할 때가 있다. 그것이 질서 유지를 위해 필요하다고 생각하기 때문이다. 꼭 필요하진 않더라도, 그렇게 해야 질서를 유지하는 데 더 편리하다고 생각하기도 한다. 모든 사람이 동시에 자기 마음대로 움직이면 어지럽다고 판단하는 모양이다. 그래서 길 가는 사람을 경찰의 힘으로 멈추게 한다. 신분증을 보자고 하기도 하고, 가방을 열어 소지품을 꺼내 보이라고 요구하기도 한다. 어떤 때는 경찰서로 데려가 이것저것 꼬치꼬치 캐묻기도 한다.

이렇게 누가 우리 행동의 자유를 제한하려고 한다면 우리는 그런 간섭을 거부한다. 무엇보다 자신의 행동을 자신이 결정할 수 있어야 자기가 원하는 삶을 꾸려갈 수 있기 때문이다. 그것이 행복의 조건이기도 하고, 인간답게 살아가는 하나의 방식이기도 하다. 그런데 갑자기 행동의 자유를 침해당한다면, 그때는 당해보지 않은 사람은 알 수 없는 심한 고통을 겪는다. 영화 구경을 위해 약속 장소로 가려는데 누군가 이유 없이 가로막고 방해한다면, 그래서 결국 친구들과 함께 놀지 못했다면, 아마 무척 화가 날 것이다.

그래도 이런 경우는 《몬테크리스토 백작》의 주인공 에드몽 당테스에 비하면 훨씬 나은 편이다.

결혼식이 끝난 뒤 신부 멜세데스가 조용히 말했다.

"벌써 2시예요. 2시 15분에 시청에서 결혼 신고를 하기로 약속했어요."

"그래, 가지."

당테스는 기쁜 표정으로 일어섰다.

그때였다. 밖에서 위엄 있는 묵직한 구두 소리와 무기가 부딪치는 소리가 들려 왔다. 곧이어 결혼 연회장의 문을 두드리는 소리가 울렸다. 지금까지 웃고 떠들던 방이 쥐죽은듯 조용해졌다.

경찰관들이 들이닥쳤다. 경찰관은 체포 영장을 번쩍 쳐들고 큰소리로 외쳤다.

"여러분, 실례하겠습니다. 에드몽 당테스란 사람은 어디 있습니까?"

"접니다. 무슨 일이시죠?"

당테스는 앞으로 나갔다.

"에드몽 당테스, 너를 체포하겠다."

경찰관이 무거운 어조로 말했다.

"도대체 무슨 이유로?"

당테스는 놀라서 소리쳤다.

생애 가장 행복한 순간 중 하나인 결혼식날 당테스는 체포되어 신부와 헤어지고 말았다. 그것도 무슨 이유 때문인지 모른 채 말이다. 그리고는 억울하게 감옥에서 무려 14년간이나 보내야 했다. 누구든지 당테스와 같은 일을 당한다면, 한순간에 자신의 행복이 산산조각 나는 경험을 하게 될 것이다.

《동물농장》이라는 흥미로운 소설을 쓴 영국의 조지 오웰이 스페인 내전에 뛰어들었다. 당시에 스페인의 바르셀로나 거리를 걷던 오웰이 가장 두려웠던 것은 무엇이었을까? 갑자기 누구에게 체포당하지 않을까 하는 불안함이었다는 것이다. 그가 살던 영국 런던에서는, 적어도 명백히 법만 어기지 않는다면 체포될 염려는 없다고 확신했다. 하지만 다른 나라에서, 그것도 전쟁이 벌어져 혼란스러운 도시에서는 도무지 안심할 수 없었다.

오웰처럼 자기가 하는 일이 완전히 자유로운 것인지, 아니면 금지된 것인지, 어기면 체포될 수 있는 것인지를 제대로 모른다면 항상 불안할 것이다. 그런 긴장 속에서는 자기에게 주어진 자유를 누리기는커녕, 항상 누구로부터 감시를 당하고 있다는 압박감 때문에 숨쉬기조차 쉽지 않을 것이다. 그런 사회가 있다면 그것은 인간다운 생활과는 한참 거리가 먼 곳이다.

프랑스의 르네 고시니가 글을 쓰고 장 자크 상페라는 만화가가 재미있는 그림을 그린 《꼬마 니콜라》 중에 이런 게 있다. 어느 날 맨날 먹기만 하는 뚱보 알세스트가 담배를 들고 나타나서는 함께 피우자며 니콜라를 설득하기 시작했다. 그러나 니콜라는 마음이 내키지 않았다. 엄마나 아빠에게 들키면 안 될 것 같기도 했다. 이때 알세스트는 니콜라의 약점을 파고들었다.

"너희 엄마 아빠가 너보고 담배 피우지 마라고 하신 적 있어?"

니콜라는 알세스트가 묻는 말을 곰곰이 생각해 보니, 그런 적은 없었다. 방 벽에 낙서하지 마라, 손님과 함께 식사할 때는 손님이 묻기 전에는 말하지 마라, 장난감 배 가지고 놀 때 욕조에 물을 가득 받지 마라, 저녁 먹기 전에 과자 먹지 마라, 문을 쾅 닫지 마라, 코 후비지 마라, 욕하지 마라고는 했어도, 담배 피우지 마라고 한 적은 없었다. 정말 그랬다. 엄마 아빠가 나한테 담배 피우지 마라고 한 적은 단 한 번도 없었다.

결국 두 꼬마는 공터로 가서 머리가 핑 돌 때까지 담배를 나누어 피웠다. 장난기가 발동한 어른들은 맹랑한 니콜라와 알세스트에게 이렇게 되물을지 모르겠다. "너희 엄마 아빠가 숨을 멈추지 말고 계속 쉬라고 한 적 있어? 근데 왜 일 분에 수십 번씩 숨쉬는 거지?" "매일 아침 오늘은 학교 가는 날이라고 일러주지 않는데도, 왜 혼자서 학교엘 가는 거지?"

언뜻 보면, 집에서는 법이나 다름없는 엄마 아빠의 명령을 꼬마들이 마음대로 해석한 것처럼 보인다. 하지만 사실은 니콜라와 알세스트는 판에 박힌 생각만 하는 어른들보다 자유와 권리에 대해 훨씬 분명한 의식을 갖고 있는 것 같다. 그렇게 뒤집어 생각해 볼 수도 있다는 의미다. 신체의 자유와 권리도 니콜라와 알세스트 같은 용감한 사람들이 먼저 얻어 누릴 수 있는 것이다.

사실 무엇이든지 금지되지 않은 것은 자유롭게 할 수 있는 것이 원칙이다. 법으로 금지하기 전에는 각자가 스스로 무엇을 할 것인지 또는 하지 않을 것인지를 결정할 수 있다. 법으로 어떤 행동을 금지할 때는 누구든지 내용을 쉽게 이해할 수 있도록 정확하고 분명하게 만들어야만 한다. 그리고 그 법은 정당해야 한다.

아무도 이유 없이 개인의 자유를 빼앗을 수 없다

국가든 경찰이든 군대든 이유 없이 개인의 자유를 빼앗을 수 없다. 지나가는 사람을 세워 주민등록증을 보자고 할 수도 없고, 달려가는 차를 정지시켜 운전자에게 면허증을 보여 달라고 할 수도 없다. 더군다나 강제로 사람을 체포하는 것은 상상조차 할 수 없다. 만약 꼭 그렇게 할 필요가 있을 때는 반드시 그만한 이유가 있어야 한다.

그런 이유는 항상 법으로 미리 정해 두어야 한다. 그래야 우리는 그 법을 확인하고 자신의 행동을 선택할 수 있다. 물론 법이 우리의 자유보다 더 높은 곳에 있을 수 없다. 법이 뭐라고 하건 상관없이 우리는 자유롭다.

하지만 모두가 제 나름의 자유를 누린다면 사회가 엉망이 될지도 모른다. 노래를 부르는 것이 자유라고 한밤중에 큰소리를 내서 이웃집 사람들을 깨운다면 어떻게 될까? 반대로 이웃집에서 음악을 크게 틀어 잠을 제대로 못 잔다면 참을 수 있을까? 이처럼 나의 자유와 다른 사람의 자유를 위해, 그리고 사회의 질서를 위해, 내 자유의 일부를 스스로 포기하거나 잠시 양보해야 할 때가 있다. 우리는 그렇게 조금씩 양보한 우리의 의사를 모아서 법을 만드는 것이다. 그러한 법이 금지하는 것만 아니라면 우리는 무엇이든 자유롭게 할 수 있는 권리를 그대로 갖는다.

앞에서 경찰이 함부로 길 가는 사람을 세워 무엇인가 물어 보고, 소지품을 검사하고, 체포해 경찰서로 데려가는 행위는 할 수 없다고 했다. 강제로 하려면 특별한 사정이 있어야 한다고 했다. 법이 정한 특별한 사정의 하나는 그 사람이 범죄자이거나 범죄자일 가능성이 매우 높을 때다.

그러나 그것만으로는 충분하지가 않다. 법이 정한 특별한 사정이 있다 하더라도, 경찰이 강제로 사람을 체포하고 조사하려면 영장이란 것이 있어야 한다. 영장은 오직 법관만이 발부할 수 있다. 영장이 없으면 아무리 흉악한 범죄자라 해도 강제로 체포할 수 없다. 만약 영장을 미리 받을 수 없는 급박한 상황이라면, 체포한 뒤에라도 반드시 영장을 받아야 한다. 그렇지 않으면 체포한 사람을 무조건 석방해야 한다.

프랑스의 소설가 쥘 베른이 쓴《80일간의 세계 일주》는 정말 흥미진진하다. 주인공 필리어스 포그는 80일 만에 지구를 한 바퀴 도는 세계일주를 하겠다고 친구들과 내기를 했다. 그래서 막 여행길에 오르는데, 런던 경찰국의 형사 픽스는 은행에서 5만 5,000파운드를 턴 범인으로 포그를 의심했다. 포그가 도난 사건이 발생한 직후 부랴부랴 런던을 떠났고, 내기에 필요한 큰 돈을 가져왔으며, 서둘러서 먼 나라로 가버린 사실로 미뤄볼 때 그가 범인이라고 확신한 것이다. 그런 정황이었다면 형사가 포그를 체포해야겠다고 결심한 건 당연하다.

포그가 탄 배가 이집트에 도착하자 픽스는 곧장 영국 영사관으로 달려갔다.

"영사님, 놈의 여권이 틀림없이 규정에는 맞겠지만, 영사님께서 비자 발급을 해주지 않았으면 합니다만……."

"왜 안 해주겠소? 그 여권에 이상이 없다면 나는 비자 발급을 거부할 권리가 없소."

"그렇지만 영사님, 제가 런던으로부터 체포 영장을 받을 때까지는 놈을 여기에 붙잡아 두어야 합니다."

"아! 픽스 씨, 그거야 당신 일이고, 나야 그럴 수가 없소……."

할 수 없이 픽스는 런던 경찰국으로 전보를 쳐서 체포 영장을 포그의 다음 행선지인 인도의 봄베이(뭄바이)로 보내 달라고 했다. 그리고 픽스는 포그와 함께 배를 타고 봄베이에 내렸으나 체포 영장은 여전히 도착하지 않았다.

픽스는 몹시 당황했다. 봄베이 경찰서에 가서 포그에 대한 영장을 받으려 했으나 서장은 거절했다. 그 사건은 런던 경찰 관할이므로 거기서만 합법적으로 체포 영장을 발부할 수 있다는 것이다.

픽스는 포그가 은행을 턴 절도범이라고 확신하면서도 범인을 코앞에 두고도 체포할 수 없었다. 왜냐하면 법이 정한 체포 영장이라는 종이 조각 한 장이 없었기 때문이다. 이렇게 신체의 자유를 보호하기 위해서는 법이 정하는 엄격한 원칙과 엄정한 절차를 준수해야만 한다. 그래야 개인의 자유와 권리가 보장된다.

그러나 거기서 그쳐서는 안 된다. 범죄 혐의가 있는 사람을 법에 따라 체포할 수 있을 때도, 체포하려는 검사나 영장을 발부하는 판사는 신중을 다해야 한다. 그 사람을 체포하여 감금하지 않으면 안 될 불가피한 사유가 있을 때만 영장을 청구하고 발부해야 한다. 굳이 사람을 가두어 두고 조사할 필요가 없을 때는 체포하거나 감금해서는 안 된다. 왜냐하면 갑자기 감금되어 자유를 잃을 경우 그 사람이 받는 정신적 육체적 충격은 상상할 수 없을 정도로 크기 때문이다.

콘크리트 벽에 갇혀 추위나 더위와 싸워야 하는 모습을 떠올려 보면 안다. 그리고 갑자기 사회 생활과 단절됨으로써 입는 낭패와 좌절감은 비할 데가 없다. 특히 한 번 감옥에 갇혔던 사람이 무죄로 풀려나는 경우를 생각하면 끔찍하다. 그 사람이 당한 고통은 그 무엇으로도 회복할 길이 없기 때문이다.

결혼식날에 체포된 에드몽 당테스가 어떻게 됐는지를 따라가 보자. 빅토르 검사의 계략에 말려 체포된 당테스는 정치범들을 가두는 이프섬의 감옥에 갇히고 말았다. 감옥에서 당하는 고통이 어떠한지는 당테스를 통해서 조금이나마 엿볼 수 있다.

아침 햇살이 철창 사이로 희미하게 들어왔다. 당테스는 돌로 된 차가운 바닥에 선 채 한잠도 자지 못하고 밤을 새웠다. 간수가 나타났다.

"어제는 잠을 못 잔 것 같군. 기분은 어떤가?"

"제발 부탁이니, 소장을 만나게 해주게."

간수는 당테스의 말은 들은 척도 않고 나가 버렸다. 당테스는 차가운 바닥 위로 푹 쓰러졌다. 그리고 울었다. 신에게 화를 내기도 하고, 기도를 드리기도 했다. 하루 종일 그렇게 보냈다. 얼마 되지 않는 빵을 먹고 아주 조금 물을 마셨다. 바닥에 주저앉아 머리카락을 쥐어 뜯기도 하고, 마치 우리에 갇힌 짐승처럼 왔다갔다하기도 했다.

세상에서 가장 오랫동안 사람을 감옥에 가둔 나라

흔히 사람을 붙잡아 마음대로 행동할 수 없게 하는 것을 체포라 하고, 일정한 기간 동안 유치장과 같은 장소에 가두는 것을 구속이라고 한다. 사람을 체포하여 감금하는 행위는 일시적으로 한 사람의 신체의 자유를 강제로 빼앗는 것이다. 따라서 법의 이름으로 체포나 구속을 집행하더라도 그 사람의 다른 권리는 다른 사람과 마찬가지로 존중해야 한다.

경찰은 범죄를 저질렀거나 그런 의심이 드는 사람을 체포할 때 그 이유와 목적을 상세히 설명해야 할 의무가 있다. 또한 체포된 사람은 자신에게 불리한 말을 하지 않을 권리가 있다. 그리고 언제든지 변호사의 도움을 받아 함께 의논할 수 있어야 한다. 감옥 안에서도 잠을 자고, 일정 수준 이상의 음식을 먹고, 아프면 치료를 받고, 책을 읽고, 편지를 쓸 수 있어야 한다. 찾아오는 가족이나 친구들을 만나는 것도 갇힌 자의 권리다.

어느 누구도 재판을 받고 유죄가 확정되기 전까지는 어디까지나 무죄라는 점을 명심하자. 재판을 통해서만 죄인이 되고 그에 맞는 벌을 받는다. 재판에서 유죄를 선고하기 위해서는 반드시 범죄의 증거가 있어야 한다. 어느 누구도 증거를 찾아내기 위해, 또 범죄의 자백을 받아내기 위해 고문하는 것은 절대 금지다. 고문은 육체적으로 사람의 신체를 손상할 뿐 아니라 정신적으로 그 사람의 인격을 파괴한다. 따라서 살인범을 고문하여 살인에 사용한 흉기를 찾아 낸다 해도, 그 흉기를 증거로 인정해서는 안 된다. 이렇게 재판을 신중하게 해야 하는 이유는 자기가 하지도 않은 억울한 죄를 뒤집어쓰는 사람이 없도록 하기 위해서다.

법정에서 유죄가 확정되고 징역형을 선고받으면 선고받은 만큼 교도소에 갇힌다. 그렇다 하더라도 오랜 기간 동안 무작정 어두운 독방에 가두는 것은 안 된다. 아무리 범죄자라 하더라도 인간으로서 대우받아야 할 최소한의 권리가 있다.

이프 섬의 감옥 독방에서 억울함과 괴로움을 참았던 당테스는 결국 14년 만에 탈출했다. 프랑스의 문호인 빅토르 위고의 소설《레 미제라블》에서 굶주린 조카를 위해 빵 하나를 훔친 주인공 장발장은 툴롱 감옥에서 19년을 보내야 했다. 그런가 하면 영국의 다니엘 디포가 쓴《로빈슨 크루소》의 주인공은 어떤가. 로빈슨 크루소가 감옥이나 다름없는 무인도에 갇혀 있었던 기간은 무려 27년이나 된다.

사람들은 이런 이야기가 모두 소설 속에서 벌어지는 과장된 이야기라고 생각할지 모르겠다. 그러나 현실은 그보다 더하다. 공산주의자로서 음모를 꾸몄다는 혐의를 받은 인도네시아의 이부 술라미는 1967년 체포된 뒤 20년이 지나 쉰여덟 살의 할머니가 되어서야 석방됐다. 노벨 평화상 수상자이면서 남아프리카공화국 대통령을 지낸 넬슨 만델라가 인종 차별에 대항해 싸우다가 감옥에 갇혀 있었던 기간은 27년이 조금 넘는다. 대만의 린스냔은 그보다 더한 고통을 겪었다. 대만을 이끌고 있는 국민당을 반대하는 운동을 펼쳤다는 이유로 체포되어 자그마치 34년을 감옥에서 지내야만 했다.

감옥에서 20년, 27년, 34년을 보내야 한다고 생각해 보자. 학생의 나이에 체포됐다면 거의 할아버지가 다 되어서야 자유롭게 다닐 수 있게 되는 셈이니, 생각만 해도 끔찍하다. 그런데 이 나라들보다 세계에서 가장 오랫동안 사람을 감옥에 가두어 둔 명예롭지 못한 나라가 있다. 바로 우리 대한민국이다.

김선명 씨는 1951년 10월 북한군으로 한국전쟁에 참전했다가 간첩죄로 체포되었다. 그리고 바로 교도소에 구금되어 1995년 광복절에야 자유의 몸이 되었다. 그가 대한민국의 감옥에서 견뎌낸 세월은 정확히 43년 10개월이다. 그의 잘못이 얼마나 컸는지는 모르겠지만, 어쨌든 우리는 사상이 다르다는 이유로 한 사람을 44년간 감옥에 가둔 나라에 살고 있는 것이다.

소크라테스를 사형시키기로 한 500명의 배심원

재판권

라 퐁텐이 쓴 〈연애와 광기〉라는 제목의 우화가 있다. 누구든지 한 번쯤 사랑에 빠져 본 경험이 있다면 고개를 끄덕일 만한 이야기다. 사랑에 한번 빠지면 미친 듯이 맹목적으로 달려드는 이유를 알 수 있기 때문이다. 이 우화 속에는 각종 신들이 모여 둘 사이의 다툼을 해결하기 위해 회의를 하는 장면이 나온다. 다시 말해 법정에서 판결을 내리는 장면이다.

어느 날 광기의 신과 사랑의 신 에로스가 함께 놀고 있었다. 그때는 사랑의 신이 눈이 멀기 전이었다.

둘 사이에 싸움이 벌어졌다. 사랑의 신은 신들이 회의를 열어 둘의 다툼을 해결해 주기 바랐다.

그러나 광기의 신은 참을성이 없어서 사랑의 신을 세게 때리고 말았고, 그 때문에 사랑의 신은 눈이 멀어 하늘의 빛을 볼 수 없게 되었다.

에로스의 어머니 비너스 여신이 아들의 복수를 요구했다. 비너스는 여자이며 어머니이므로, 그 탄식이 어떠했을지 짐작할 만하다.

주피터, 네메시스 그리고 지옥의 판관 신들, 그 밖의 모든 신들도 비너스의 탄원에 당황했다. 비너스는 이것이 얼마나 중대한 일인지를 설명했다.

그녀는 자신의 아들이 지팡이가 없으면 한 걸음도 걷지 못하게 되었으므로 이러한 죄에 대해서는 어떤 벌도 무거운 게 아니며, 또 손해도 보상되어야 한다고 주장했다.

모두들 모여서 공중의 이익, 당사자 각각의 이해 관계를 잘 살펴본 뒤에 신들의 최고 법정은 마침내 이런 판결을 내렸다.

"광기의 신은 사랑의 신 앞에 서서 그를 인도해 다니도록 하라."

어떻게 생각하면 신들의 판결은 멋있기도 하고, 달리 생각하면 가혹한 것 같기도 하다.

그러나 사람이 사는 세상의 재판이란 것은 그렇게 낭만적일 수 없

는 노릇이다. 재산을 둘러싼 분쟁에 휘말리거나, 범죄를 저질러 형벌을 받아야 할 운명에 놓였을 때 서야 하는 곳이 법정이다. 그래서 사람들은 흔히 경찰서나 병원과 마찬가지로 법원에 가까이 가지 않는 것이 현명하다고 여긴다. 그런데 재판을 받는 것도 사람의 기본적 권리 중의 하나라는 말은 도대체 무슨 의미일까?

거꾸로 이렇게 생각해 보자. 재판도 없이 무슨 죄를 어떻게 졌는지 모르고 강제로 옥살이를 해야 한다면 어떻게 될까. 앞서 보았던《몬테크리스토 백작》의 주인공 당테스처럼 말이다. 영문도 모른 채 감옥에 갇혀 한참을 괴로워하던 당테스는 분노할 힘도 남아 있지 않다.

당테스는 간수가 들고 있는 석유등 불빛 너머로 관리가 서 있는 것을 보았다. 그는 양손을 앞으로 내밀고 비틀거리며 걸어나왔다.

"내가 왜 이런 곳에 있어야 합니까? 그걸 알고 싶습니다. 제발, 재판을 받게 해주십시오. 만일 죄가 있다면 나를 총살해도 좋습니다. 그 대신 죄가 없다면 나를 자유롭게 해주십시오."

"자네는 언제쯤 여기에 왔는가?"

"1815년 2월 25일 밤입니다."

"뭐라고? 겨우 17개월밖에 안 되었단 말인가?"

"아니, 겨우 17개월이라뇨? 당신은 이곳 생활을 모릅니다. 여기 17일은 17년, 아니 그것보다 훨씬 깁니다. 제발 부탁드립니다. 바르고 공정한 재판을 받을 수 있게 해주십시오."

당테스는 자신의 무죄를 입증하기 위해서 재판을 받게 해달라고 간청하고 있다. 흔히 재판을 범죄에 대한 처벌을 하는 절차로만 생각하기 쉽다. 하지만 당테스의 경우를 보면 알겠지만, 반대로 죄가 없을 때 그것을 증명하는 것도 재판을 통해서 이뤄진다는 점을 알아야 한다.

멋진 식당의 훌륭한 메뉴처럼 아무리 좋은 말로 인간의 권리를 헌법에 나열한다 하더라도, 우리가 제대로 누릴 수 없다면 허망한 구호요 알맹이 없는 포장에 불과하다. 인간다운 생활을 보장하기 위해서는 갖가지 권리를 누릴 수 있는 사회의 제도를 만들어야 하지만, 다른 한편 개인의 권리가 침해되지 않도록 방법을 마련하는 것도 마찬가지로 중요하다. 여기서 개인의 권리는 다른 개인에게 침해당할 수도 있지만, 국가 권력에 의해 당할 때가 아주 많다.

따라서 개인의 자유와 권리를 부당하게 침해당했을 때 구제 받을 수 있는 제도가 필요하다. 바로 재판 절차도 그중 하나다. 국가는 억울하게 권리를 침해당한 사람을 한 사람이라도 그냥 내버려 두어서는 안 된다. 몬테크리스토 백작이 제발 재판을 받게 해달라고 애원하는 것도, 법정에서는 진실이 밝혀져 빼앗긴 자신의 자유를 되찾을 수 있으리라는 한 가닥 희망을 가졌기 때문이다.

‘바보들의 함정’ 도시의 이상한 법

재판은 반드시 억울한 사람에게만 필요한 것은 아니다. 범죄를 저질러 마땅히 형벌을 받아야 할 사람도 정당하고 신속한 재판을 받을 권리가 있다. 재판을 통해 자기의 책임에 맞는 적당한 형벌을 받아야만 한다. 아무리 나쁜 범죄를 저질렀다고 하더라도, 재판을 통해 형벌이 결정되지 않은 채 불안한 상태로 오랫동안 사람을 구속해 두는 것도 옳은 일은 아니다.

범죄에 대한 대가는 형벌이다. 형벌은 국가의 힘이 집행하지만, 반드시 재판을 거쳐야 한다. 형벌에는 보통 몇 가지 종류가 있다. 사형은 사람의 생명을 빼앗아 버리는 것이어서 생명형이라 한다. 징역이나 금고는 감옥에 감금해 두어 형기를 마칠 때까지 자유롭게 행동할 수 없게 하여 자유형이라고 한다. 벌금은 일정한 액수의 돈을 국가에 내게 하기 때문에 재산형이라 부른다. 그런가 하면 명예형이란 것도 있다. 사회 생활을 하는 데 필요한 어떤 자격을 아예 없애 버리거나 몇 년간 정지시키는 형벌이다.

결국 형벌이란 국가가 강제로 개인의 자유와 권리를 일시적으로 빼앗아 버리는 것이다. 그렇기 때문에 형벌을 주기 위한 재판은 공정하고 신속하게 이루어져야 한다. 한 국가의 국민이라면 누구나 이렇게 정당한 재판을 받을 권리가 있다. 여기서 말하는 정당한 재판이란 ‘법에 의한 재판'과 '자격이 있는 사람에 의한 재판'을 말한다.

그러면 '법에 의한 재판'이란 무엇일까. 그것은 옳고 그름을 판단할 때 법을 잣대로 삼아야 한다는 말이다. 법에 의하지 않는 재판이라면 사람에 의한 재판을 떠올릴 수 있다. 재판관이 자기의 경험과 양심만을 믿고 자기 마음 내키는 대로 판결하는 것이다. 하지만 재판관이 아무리 훌륭한 사람이라 하더라도, 사람 마음은 일정하지 않은 법이다. 그리고 수많은 재판관이 모두 훌륭한 양심을 가진 사람이라고 할 수도 없는 일이다. 그렇다면 차라리 법이 낫다고 볼 수가 있다. 비록 생명이 없어 따뜻함은 없을지 몰라도, 법은 함부로 마음을 바꾸지 않기 때문이다. 한번 만들어 두면 개정하지 않는 한 항상 그대로다. 물론 그 법의 내용이 정당해야 하는 것은 두말할 필요가 없다.

그럼 정당하지 못한 법은 어떤 것일까. 이탈리아 작가 카를로 콜로디의 《피노키오의 모험》에 보면 엉뚱한 재판 이야기가 나온다. 항상 말썽을 일으키는 피노키오가 거리의 흥행사 허풍선이로부터 받은 금화 다섯 냥을 절름발이 여우와 눈먼 고양이에게 속아서 결국 빼앗긴 뒤의 일이다.

고양이와 여우에게 속아 절망감에 사로잡힌 피노키오는 한걸음에 시내에 있는 법원으로 달려갔다. 금화를 훔쳐간 도둑을 고발하기 위해서였다.

판사는 고릴라처럼 덩치 큰 원숭이였다. 피노키오는 판사 앞에서 자신이 어떻게 이런 비열한 사기에 걸려들게 되었는지 자세히 얘기했다. 도둑들의 성과 이름, 생김새를 이야기한 뒤 판결을 내려 달라고 청했다.

판사는 아주 인자하게 피노키오의 말을 들었다. 그리고 이야기에 큰 관심을 보였다. 늙은 원숭이 판사는 피노키오가 이야기를 끝내자 손을 들어 종을 울렸다. 그러자 제복을 입은 불독 두 마리가 나타났다.

판사는 불독들에게 피노키오를 가리키며 말했다.

“저 불쌍한 녀석이 금화 다섯 냥을 도둑 맞았다. 그러니까 저놈을 잡아 빨리 감옥에 가두어라.”

전혀 예상치도 못한 이런 소리를 들은 피노키오는 어안이 벙벙했다. 그래서 항의를 하려고 했다. 하지만 불독들은 쓸데없이 시간을 낭비하지 않기 위해 피노키오의 입을 틀어막고 감옥으로 끌고 갔다.

‘바보들의 함정’ 도시의 감옥에서 피노키오는 넉 달 동안이나 갇혀 있었다.

‘바보들의 함정’이란 이상한 도시의 법은 아무래도 제대로 된 법이 아니었던 모양이다. 돈을 훔쳐간 사람이 아니라 돈을 잃어버린 사람을 처벌하는 법이니까. 만약 우리의 법이 그런 바보 같은 내용을 담고 있다면, 그 법에 따라 하는 재판은 정당한 재판이라 할 수 없다.

재판 받을 권리가 잃어버린 개인의 권리를 되찾아 주는 유효한 수

단이 되려면, 재판하는 법관에게 진실을 가리는 능력이 있어야 한다. 진실을 가리는 능력이 없더라도, 사태를 잘 이해하고 해결할 줄 알아야 한다. 그래서 재판 받는 사람이 재판관을 믿고 따를 수 있어야 한다. 그렇지 않고 법관이 마음대로 판단해서 선고하고, 그로 인해 재판 받는 사람은 판결 결과를 불신하고 따르지 않는다면 어떻게 될까? 그렇게 된다면 아무리 훌륭한 재판 제도가 있다 해도 그것은 한낱 형식적인 장식물에 지나지 않는다.

찰스 디킨스의 소설에는 법정이 많이 등장한다. 동화로도 많이 읽는 《올리버 트위스트》에서도 마찬가지다. 소매치기 현장에 있던 올리버가 끌려가 재판 받는 모습을 보자. 판사는 권위적이고 만사가 귀찮다는 듯한 인상이어서 믿음이 가지 않지만, 그래도 증인이 나타나자 그의 말을 받아들여 아슬아슬하게 제대로 재판을 한다.

법정은 칸막이로 된 거실이었다. 치안 판사 팽이 앉아 있는 맞은편에 가엾은 올리버는 벌벌 떨고 있었다. 브라운로우는 숱하게 말을 제지당하고 거듭 모욕을 받으며 사건의 정황을 겨우 전달했다. 그는 놀란 와중에 이 아이가 도망가는 것이 보였기 때문에 쫓아갔다고 하면서, 설사 도둑이라 하더라도 법이 허용하는 한 너그러이 처리해 줄 것을 바란다고 했다.

"이 사건을 어떻게 처리하실 건가요?"

서기가 모기만한 목소리로 물었다.

"즉결로 해. 3개월 중노동형이다. 이제 다 내보내, 어서."

팽 판사가 말했다.

그때 사건 현장을 목격한 책가게 주인이 들어왔다. 그리고 조리 있게 상황을 설명했다.

"전 침묵을 지키지 않을 겁니다. 판사님, 제 말씀을 들어야 합니다. 다른 애들하고 여기 있는 피고인 셋이서 이 신사분이 책을 읽고 있을 때 어슬렁댔지요. 그런데 도둑질은 다른 아이가 했어요. 이 아이는 오히려 놀라 어안이 벙벙해졌어요."

"왜 진작 오지 않았어?"

"책가게를 볼 사람이 아무도 없었어요."

"애를 무죄 석방해. 이제 다 내보내."

이런 재판관과 반대로 권위적이지 않고 지혜로운 것 같아 보이는 사람도 있을 것이다. 러시아 대문호인 톨스토이의 〈훌륭한 재판관〉에 나오는 주인공이 바로 그런 인물일 것이다. 간단하게 내용을 정리해 보면 이렇다.

알제리에 바워거스라는 왕이 있었다. 그 왕은 나라 안에 훌륭한 재판관이 있다는 소문을 듣고 그것이 사실인지 아닌지를 알아보기로 마음먹었다. 그 재판관은 어찌나 영리한지 어떤 교묘한 사기꾼에게도 속지 않으며 거짓을 바로 가려낸다고 한다. 그래서 바워거스 왕은 장사꾼처럼 변장을 하고 말을 몰아 그 재판관이 사는 도시로 갔다. 왕은 그 재판관이 세 개의 사건을 지혜롭게 해결하는 것을 보았다.

첫 번째 사건은 학자와 농부가 한 여자를 두고 서로 자기 아내라고 우기는 것이었다. 재판관은 그 여자가 익숙하게 잉크 스탠드를 씻고 새 잉크를 붓는 것을 보고 학자의 아내라고 결정했다.

두 번째 사건은 기름 장수와 고기 장수가 동전 한 움큼이 각자 자기 주머니에서 나온 것이라고 싸운 일이었다. 재판관은 그 동전을 물에 담가 보고 기름이 하나도 뜨지 않자 고기 장수의 것이라고 판단했다.

마지막 사건은 바워거스 왕이 타고 간 말을 두고 뒤따라온 거지가 자기 말이라고 주장한 일이었다. 재판관은 마굿간에 왕과 거지를 데리고 가서 말의 움직임과 눈치를 잘 살피더니 왕의 말이라고 선고했다. 말은 왕이 다가가자 머리를 돌려 곁으로 오려고 했지만, 거지가 다가가자 발을 쳐들었기 때문이다.

그의 판단에 감탄한 바워거스 왕은 재판관에게 자신이 왕이란 것을 밝히며 크게 칭찬을 한 뒤 소원을 말하라고 했다. 그러나 재판관은 왕으로부터 칭찬받는 것만으로 행복하다며 상을 사양했다.

이 이야기는 재판관은 법뿐만이 아니라 현명한 판단력이 있어야 한다는 교훈을 담고 있다. 그러나 '훌륭한 재판관'은 지금의 기준으로 곰곰이 들여다보면 그렇지 않은 점도 많다. 특히 누구의 아내인가를 가리는 부분을 보면 당사자인 부인의 자유 의사를 부정하고, 여성권을 침해하는 전근대적 사고가 그대로 드러나 있다.

소크라테스를 사형시키기로 한 500명의 배심원

그렇다면 재판은 누가 하는 것이 가장 좋을까? 내 편을 들어서 이기게 하는 사람! 물론 그러면 좋을지 모르겠다. 그러나 양쪽이 서로 맞서 싸우는 재판에서는 누구를 이기게 하는 법관보다는 진 사람을 잘 설득할 수 있는 법관이 바람직하다. 범죄를 저지른 혐의를 받고 있는 사람을 심판하는 재판에서는 억울한 사람을 죄인으로 모는 실수를 하지 않는 법관이 훌륭하다. 그래서 '열 사람의 범죄자를 놓치더라도 한 사람의 무고한 자를 처벌해서는 안 된다'는 말이 생긴 것이다.

누구에게 재판을 맡기는 것이 좋은지에 대한 문제를 생각하기 전에 또 다른 법정을 한번 구경해 보자.

그들이 재판정에 도착해 보니, 그곳은 온갖 새들과 짐승들 그리고 한 세트의 트럼프 병사들로 빽빽이 들어차 있었다. 옥좌에는 하트 나라의 왕과 여왕이 앉아 있었고, 그 앞에 사슬에 묶인 시종이 양쪽에서 그를 지키는 병사 두 명과 함께 서 있었다.

재판정 같은 곳에는 한 번도 가본 적이 없는 앨리스였지만, 책에서 봤기 때문에 그곳에 앉아 있는 것들의 이름을 대충 알 것 같아 매우 기뻤다.

'저 사람이 판사야!' 앨리스는 속으로 소리쳤다. '가발을 쓴 걸 보면 알 수 있거든.'

왕이 판사를 맡고 있었는데, 커다란 가발 위에 왕관을 얹은 채 앉아 있었다.

'저것이 배심원석이다. 그리고 열두 마리 동물이 배심원들이겠지.'

앨리스가 하트 왕국에서 본 법정의 모습이다. 여왕이 만든 과일 파이를 훔친 하트 잭을 재판하는 법정에 동물 열두 마리가 배심원으로 앉아 있다. 법정의 광경은 우스꽝스럽기는 하지만 여러 절차를 거쳐 재판하고 있다. 왕이 재판관 자리에 앉고 재판이 시작되자 먼저 흰토끼가 어떤 죄에 대한 재판인지 공소장을 읽는다. 그다음에는 앨리스를 비롯해 여러 목격자가 차례로 불려 나와 하트 잭이 절도를 했는지에 대해 증언을 한다. 재판 중에 정숙하지 못하고 크게 웃던 돼지에게 자루를 뒤집어 씌워 소란을 피우지 못하게 하기도 한다.

앨리스가 겪은 '이상한 나라'처럼 왕의 힘이 절대적인 국가에선 왕이 직접 재판을 했다. 그러나 나라가 넓어지면서 왕이 모든 사건을 혼자 재판할 수 없게 되었다. 그때는 왕이 임명한 각 지방의 우두머리가 대신 재판했다. 그런 국가에서는 모든 권력이 왕에게 있다고 생각했기 때문이다. 이처럼 왕이나 특정한 계급의 사람들에게만 모든 힘이 주어진 나라를 전제 국가라고 한다. 독재 국가도 마찬가지다.

하지만 세상이 바뀌면서 점점 모든 권력은 국민에게 있다는 생각이 퍼져갔다. 나라를 다스릴 힘, 즉 주권이 국민에게 있다는 믿음 위에 세운 나라를 공화국이라고 한다. 그리고 국민이 직접 모든 것을 결정하거나, 국민이 뽑은 사람들이 대신하는 정치를 민주주의라고 한다.

민주 공화국에서는 국민이 직접 재판한다. 실제로 민주주의 정치를 펼쳤던 고대 그리스가 그랬다. 당시에는 30세 이상의 남자라면 누구나 재판관이 될 수 있었다. 재판이 열리면 먼저 추첨으로 500명 이상의 배심원을 선출하고, 배심원들이 모든 재판을 했다. 인류의 스승으로 꼽히는 철학자 소크라테스를 사형에 처한 것도 500명의 배심원들이었다. 어떤 때는 수천 명의 배심원이 재판하는 경우도 있었다고 한다.

그러나 세상이 복잡하게 바뀌면서 재판 방법도 바뀌지 않을 수 없었다. 인구가 늘어나고, 국가가 커지고, 상상조차 못한 새로운 일들이 벌어지면서 수많은 법률이 생겨났다. 따라서 재판도 법률 전문가가 하는 것이 훨씬 효율적이라고 생각하게 됐다. 그래서 나타난 것이 재판을 전문으로 하는 법관이다.

전문 법관이 있어도 여전히 재판은 모든 사람들이 하는 것이 옳다는 생각을 버릴 수 없다. 그래서 미국이나 영국에서는 지금도 배심 재판이란 것을 하고 있다. 앨리스가 본 이상한 나라처럼, 보통 열두 명의 배심원이 유죄인지 무죄인지 재판하는 것이다. 배심원들이 알 수 없는 전문적인 법률 문제는 판사가 맡아서 한다. 그러나 우리나라처럼 배심원 없이 전문 법관인 판사만 재판하는 제도를 가진 나라도 많다. 그런가 하면 전문 법관과 일반인이 섞여 재판하는 참심 재판이란 것도 있다.

사실 재판은 법률 지식이 많다고 잘 할 수 있는 건 아니다. 재판이란 어차피 사람들의 생활 속에서 벌어지는 일들을 대상으로 한다. 따라서 풍부한 생활의 경험이 오히려 재판에 큰 도움이 될 때도 있다. 그래서 우리 국민 모두가 재판관이 될 수도 있는 것이다.

재판을 전문으로 하는 법관을 어떻게 정하느냐는 방법도 나라마다 조금씩 다르다. 우리나라처럼 어려운 시험을 치러서 합격한 사람을 법관으로 임명하기도 한다. 법률에 대한 지식을 많이 가진 사람을 고르는 데는 적당한 방법일 수 있다.

그것 말고도 다른 방법이 있다. 앞서 본 《80일간의 세계일주》에서 필리어스 포그가 처음 보고 어리둥절했던 장면이 그런 것이다.

샌프란시스코에서 기차를 타면서 필리어스 포그는 역무원에게 물었다.

"여보시오, 오늘 샌프란시스코에 무슨 소동이 있지 않았습니까?"

"집회가 있었지요."

"하지만 거리가 꽤 떠들썩하던데."

"단지 선거 유세였을 뿐입니다."

"필시 총사령관이라도 뽑는 모양이지요?"

"그게 아니고, 치안 판사를 뽑는 선거입니다."

학교에서 반장을 뽑듯이 이렇게 법관을 투표로 뽑는 경우도 있다. 사실 대통령이나 국회의원은 주권자인 국민이 투표로 직접 선출하는데, 중요한 재판을 담당할 공무원인 법관은 왜 그렇지 못할까 하는 생각이 든다. 사실 이런 의문 때문에 미국의 주 법원에서는 선거로 판사를 뽑는다.

이렇게 선출된 판사들이 자신의 인기를 위해서 공정하지 않게 재판하지나 않을까 하는 걱정이 들기도 한다. 미국 미주리 주의 제임스 허킨스 페크는 1823년부터 14년간 판사로 재직했다. 그는 재판을 할 때면 항상 헝겊으로 눈을 가렸다. 자기 앞에 서 있는 재판 받는 사람의 얼굴을 보지 않고 공평하게 판결하기 위해서였다. 법정에 들어설 때는 누군가 곁에서 부축했고, 제출된 모든 서류는 서기가 큰 소리로 낭독했다.

사실 옳고 그름을 밝히는 데는 눈도 귀 못지않게 중요하다. 재판 받는 피고인이나 증언하러 나온 증인의 표정을 잘 살펴보면 옳은 판결을 내리는 데 큰 도움이 될 때가 있다. 그래서 법정에서 진술하는 사람의 표정과 동작 하나하나를 놓치지 않으려고 카메라로 녹화하는 판사도 있다.

엉뚱한 피해자를 만들지 마라

한 가지 명심할 것은 재판은 법관 혼자서 마음대로 할 수 없다는 사실이다. 범죄를 저질렀을 때 열리는 형사 재판에는 피고인의 죄를 따지는 검사도 있어야 하고, 피고인을 도와주는 변호인도 있어야 한다. 그런가 하면 재판은 일반 사람들에게 공개된 법정에서 해야 한다. 그 밖에도 다른 여러 가지 까다로운 절차에 따라 이뤄져야 한다. 이 모든 것이 우리의 재판 받을 권리 때문에 마련된 것이다.

야누스 코르착이라는 폴란드 작가가 쓴 《아이들이 심판하는 나라》는 아이들이 주인인 세상의 얘기다. 마지막으로 여기에 나오는 재판 장면을 보면서 재판에 참여하는 사람들의 각자 맡은 역할이 무엇인지 알아보자.

검찰관 : 이 아이가 지난 겨울 스파이 활동을 통해 알아낸 우리 무기고의 위치를 적의 포병대에 넘겨준 사실을 기소합니다. 열두 발이 빗

나갔으나 열세 번째 포탄이 무기고에 명중하고 말았습니다.

피고인 : 그렇지 않습니다. 저는 남몰래 돌아다니지 않았습니다. 저 장교가 저를 데리고 가서 샅샅이 보여 주고는, 저에게 우리 무기고가 있는 곳을 찾아내 말해 달라고 했습니다. 그러면서 초콜릿을 주었습니다.

변호인 : 존경하는 판사님, 피고인 톰멕은 무죄입니다. 피고인은 군인이었고 명령에 따라야 했습니다. 수색하라는 명령을 받았으므로 수색 작전에 나갔습니다. 따라서 저는 톰멕을 다른 동료들과 함께 보내야 한다고 생각합니다.

판사 : 적에게 매수되어 아군을 배반한 민간인은 즉시 교수형에 처한다. 군사 스파이는 총살할 수 있지만, 변호인이 항소하면 모든 서류가 상급 법원으로 넘어가므로 형집행은 잠시 연기된다.

여기서 보듯이 형사 재판은 범죄가 발생했을 때 진행한다. 재판에서 먼저 밝혀야 할 일은 누가 범죄를 저질렀느냐는 것이다. 그리고 그것이 확인되면, 다음으로 그 범죄자에게 어떤 벌을 줄 것이냐를 결정한다.

여기 등장하는 검찰관은 우리가 검사라고 부르는 사람이다. 검사는 범죄가 발생하면 조사하여 범죄자를 찾아낸 후 그 사람을 법정에 세워 범죄를 저질렀다는 사실을 판사가 믿을 수 있게 증명해야 한다. 그래서 검사가 없으면 범죄자를 처벌할 수 없다. 그러나 검사가 신중하게 제대로 수사하지 못하면, 수많은 억울한 사람이 생기기도 한다.

피고인은 검사가 범죄자라고 지목한 사람을 말한다. 한 가지 명심할 것은, 피고인은 범죄를 저지른 것으로 의심받고 있을 뿐이지 아직 범죄자는 아니라는 점이다. 따라서 피고인은 자기에게 유리한 주장을 얼마든지 할 수 있고, 자기에게 불리한 말은 하지 않을 수도 있다. 피고인이 유죄라는 것이 판결로 완전히 확정되기 전까지는 항상 무죄다.

변호인은 형사 재판에서 피고인을 도와주는 역할을 맡은 사람이다. 재판에서 변호인이 꼭 필요한 이유는 이렇다. 검사는 법률 전문가인데다 막강한 권력도 가지고 있다. 그러나 피고인은 법률도 잘 모를 뿐만 아니라 처벌받을까 봐 두려움에 떨고 있기도 하다. 그래서 애당초 검사와 피고인은 공평한 상태에서 서로 유죄와 무죄를 주장하여 싸우기 힘들다. 약자인 피고인을 도와줄 사람이 필요하다. 그래서 보통 변호사들이 변호인이 되어, 피고인이 무죄라고 주장하거나 억울하다고 선처를 호소하는 것이다.

판사는 검사와 피고인과 변호인의 말을 다 들은 다음에, 마지막으로 결정하여 선고하는 재판관이다. 판사는 다른 사람의 말을 귀 기울여 잘 들어야 한다. 앞서 이야기한 것처럼 판사는 법률 지식뿐 아니라 경험에다 지혜를 보태 억울한 사람이 생기지 않게 잘 판단해야 한다.

이렇게 하나의 재판도 여러 사람이 각자 자기가 맡은 역할을 제대로 해냄으로써 이루어진다. 이들 중 한 명이라도 빠지면 그 재판은 제대로 될 수 없다. 그리고 각자 역할을 실수 없이 해내야 엉뚱한 피해자가 생기지 않는다. 엉뚱한 피해자가 가능한 적게 생겨야 재판 받을 권리가 잘 지켜지는 것이다.

나는 좋은 사람이니, 나쁜 사람이니?

양심의 자유

좋은 사람과 나쁜 사람을 구분하는 것은 누구에게나 쉽지 않은 일이다. 대만의 인기 작가인 린하이윈이 중국 베이징에서 보낸 어린 시절의 이야기를 쓴《우리는 바다를 보러 간다》에 나오는 이야기 한 부분을 소개한다. 잉쯔와 들판에 숨은 도둑의 대화를 듣고 양심 이야기를 시작해 보자.

그 사내는 한숨을 내쉬었다.

"이 길로 들어선 건 내가 원해서가 아니란다. 꼬마 아가씨, 내 말 알아듣겠니?"

나는 알 것도 같고 모를 것도 같았다. 나는 그저 똑바로 그 사람을 쳐다만 보았다.

"늙으신 우리 엄마는 희망 없는 나를 위해 우시다가 눈이 멀었다. 오직 책만 파고드는 내 동생은 나를 좋은 형이라고 생각하지. 지금 난 동생 유학 뒷바라지해 줄 생각밖에 없단다. 그러니 나 좋은 사람 아니냐?"

좋은 사람, 나쁜 사람, 그건 너무 어려운 질문이었다. 왜 나한테 그런 걸 물어 볼까? 나는 고개를 저었다.

"나쁜 사람이 아니라고?"

그 사람은 웃었다. 눈가에 눈물이 맺혀 있었다.

"난 누가 좋은 사람이고, 누가 나쁜 사람인지 잘 모르겠어요. 사람들이 너무 많으니까 구분하기가 참 어려워요."

나는 고개를 들고 하늘을 보다가 갑자기 생각난 걸 물었다.

"아저씨는 바다하고 하늘을 분명하게 구분할 수 있어요? 황금빛 붉은 태양이 푸른 바다에서 올라오는 것일까요? 그렇지만 태양은 푸른 하늘에서 내려오기도 하잖아요? 나는 좋은 사람과 나쁜 사람을 구분하지 못하는 것처럼, 바다와 하늘을 구분하지 못하겠어요."

양심이란 무엇일까? 좀 어렵게 말하자면, 사물의 옳고 그름을 구별하여 나쁜 짓을 하지 않고 바른 행동을 하려는 마음의 움직임을 말한다. 한마디로 옳고 바른 것을 추구하려는 도덕적인 마음가짐을 양심이라고 한다. 자신의 내면에서 스스로를 채찍질하는 마음의 소리가 바로 양심이라고 할 수 있다. 그래서 양심은 자기 마음속의 재판관이라고 할 수 있다.

양심의 모습은 아주 다양하다. 앞에서 본 이야기 중에서 한번 찾아보자.

"오늘이 10월 2일 수요일이니까, 80일 후인 12월 21일 토요일 저녁 8시 45분까지 세계를 일주하고 이 자리로 반드시 돌아오겠네. 만약 돌아오지 못한다면 은행 구좌에 있는 내 돈 2만 파운드는 자네들의 몫이 되는 걸세. 자, 여기 2만 파운드짜리 수표일세."

여섯 명의 참가자들은 내기 계약서를 만들고 서명했다. 전 재산의 절반을 건 필리어스 포그는 침착했다. 그러나 그와 내기를 한 동료들은 동요하는 기색을 보였다. 내기 금액이 많아서가 아니라, 이러한 조건에서 내기를 한다는 것에 일말의 가책을 느꼈기 때문이다.

* * *

조는 머리를 잘라 판 돈을 입원한 아빠를 간호하기 위해 떠나는 어머니 앞에 내놓았다.

"글쎄, 아무튼 난 아빠를 위해 뭔가 하고 싶어서 못 견딜 지경이었어. 메그는 가정 교사로 번 석 달치 월급을 몽땅 생활비로 내놨는데 난 내 옷을 샀거든. 그래서 양심의 가책을 받고 있었어."

"그처럼 가책을 받지 않아도 돼. 넌 겨울옷이 하나도 없는데다, 열심히 일해서 번 돈으로 극히 검소한 옷을 샀을 뿐이니까."

"처음에는 머리카락을 파는 것은 생각조차 못했어. 그런데 어느 미장원 문에 써 붙여놓은 걸 보고 서슴없이 들어갔지."

"어머, 어쩜 그런 용기가!"

베스는 감탄했다.

《80일간의 세계 일주》에서 필리어스 포그의 동료들은 왜 내기를 하면서 양심의 가책을 느꼈을까? 전 재산의 반이나 되는 돈을 내기에 걸고 80일 만에 세계를 한 바퀴 돈다는 포그의 계획이 무모하다고 여겼기 때문이다. 《작은 아씨들》의 조는 왜 예쁜 머리카락을 잘라서 팔았을까? 가정 교사로 번 돈을 가난한 집안의 생활비에 보태지 않고 모두 자기 옷을 사는 데 써 버려서 양심의 가책을 받았기 때문이다. 양심은 이런 사소한 것에서부터 종교나 학문 그리고 정치 사상에 대한 신념에 이르기까지 다양하다.

세상에서 가장 강한 힘

《이상한 나라의 앨리스》에 보면 생각할 권리에 대한 재미있는 장면이 있다. 하트 나라의 크로케 경기장에 들어서기 전에 앨리스가 공작 부인과 만나 이야기를 나누는 장면이다. 공작 부인은 말도 안 되는 이야기를 늘어 놓고 자기 이야기를 앨리스에게 선물로 주겠다고 한다.

'시덥잖은 선물이군! 사람들이 생일 선물로 이 따위 것을 주지 않았으면 좋겠어.'

그러나 앨리스는 그런 생각을 입 밖에 낼 용기가 없었다.

"또 혼자서 뭘 생각하는구나?"

공작 부인은 날카로운 턱으로 앨리스의 어깨를 누르며 말했다.

"내게도 생각할 권리가 있어요."

앨리스는 좀 성가신 생각이 들어서 날카로운 소리로 말했다.

"그럴 테지. 돼지에게도 하늘을 날 권리가 있으니까."

사실, 돼지도 날 수만 있다면 하늘을 날 권리가 있겠다. 그것은 사람이 무슨 생각이든 할 자유가 있다는 재미있는 비유다.

사고할 수 있는 능력과 자기 마음대로 생각할 수 있는 자유 때문에 인간은 비로소 존엄성과 가치를 가진다고 할 수 있다. 이런 자유로운 마음에서 양심이 만들어지고, 양심의 자유가 있기에 종교와 학문과 예술과 정치 활동 등의 자유를 펼칠 수 있는 것이다.

양심은 단순한 생각이나 의견과는 좀 다르다. 단순한 생각은 다른 생각과 접촉하면서 바뀔 수 있다. 그러나 양심은 한 사람의 마음속에 단단하게 자리 잡은 소신이어서 쉽게 변하지 않는다. 물론 양심을 갖기 위해서는 자기 마음대로 생각할 자유가 중요하다. 양심은 스스로 자유롭게 생각해서 얻어지는 것이지 누군가가 강제로 강요할 수 없기 때문이다.

인간의 권리 중에서 가장 중요한 것은 무엇일가? 이런 어리석은 질문에 반드시 대답해야 한다면, 누구든 고민할 수밖에 없을 것 같다. 생명권은 중요하다. 생명이 전제되지 않고서야 어디 권리를 말할 수 있겠는가. 신체의 자유 역시 중요하다. 그것이 보장되지 않으면 붙어 있는 목숨은 아무 의미가 없으니까 말이다. 하지만 육체적 행동만 자유롭다고 만족할 수는 없다. 정신적 자유가 없는 인간을 어찌 상상이나 할 수 있을까? 그래서 양심의 자유는 '최상의 기본권' 혹은 '기본권의 초석'이라 불린다.

고대 그리스의 철학자인 에픽테투스라는 사람이 이런 말을 했다.

"우리는 늘 한 가지 중요한 점을 잊어버리고 있다. 즉 내 양심만 깨끗하다면 아무것도 나를 다치지 못한다는 사실을, 내가 경솔했거나 또는 무언가 혼자만의 욕심을 채우려 했기 때문에 다툼과 갈등이 생긴다는 것을."

이 말처럼 세상에서 가장 강한 것은 사람의 양심이라 할 수 있다. 양심은 남이 보건 안 보건, 누가 뭐라고 간섭하건, 결코 흔들림이 없는 마음의 태도이기 때문이다. 양심은 눈에 보이지 않고 손으로 만질 수도 없는 것이어서, 어떤 힘으로도 쉽게 부수거나 빼앗을 수 없다. 스스로 바꾸지 않는 한 양심은 변하지 않는다. 따라서 양심이 약하면 인간도 약해지는 법이다.

양심에 다수결의 원칙 따위는 없다

우리에게는 스스로 양심을 만들어 가꾸고 결정할 수 있는 자유가 있다. 어떤 양심을 가질 것인지는 전적으로 자기 자신이 정하는 것이다. 어느 누구도 양심을 강요할 수 없다. 따라서 양심을 결정하는 데에는 많은 사람의 의견을 따르는 다수결의 원칙 따위는 적용되지 않는다. 대다수의 사람들이 비난해도, 과학이라는 이름으로 반박해도, 자기 자신의 신념으로 옳다고 믿으면 그것이 양심인 것이다.

양심에는 오직 하나의 기준만 있을 수 없다. 절대적으로 옳은 양심이란 것도 존재하지 않는다. 사람들은 "양심이 없다"는 말을 흔히 하지만, 사실 좋은 양심과 나쁜 양심이란 것도 쉽게 구별하기 힘들다.

흔히 "누구의 양심을 믿는다"는 말을 자주 쓴다. 이럴 때 쓰이는 양심이란 그 사람의 정직함의 정도를 뜻한다. 물론 거짓말을 하는 것은 옳지 않은 일이므로 바른말을 하려는 마음도 양심의 한 모습이라고 할 수 있다. 하지만 양심이 단순히 거짓말을 하지 않는 정도의 착한 마음씨이면 충분하다고 생각해서는 안 된다. 진짜 양심이란, 인간이 스스로 판단하여 옳다고 생각되는 일이 있으면 어떠한 어려움이나 방해가 있어도 실천에 옮기고 마는 굳센 정신을 말한다.

우리에게는 그런 양심을 지킬 자유가 있다. 자신의 마음속에 만들어진 양심을 강요당하지 않을 자유가 있다. 또한 자기 마음속의 양심이 무엇인지를 밖으로 나타내지 않을 자유도 있다. 자신의 양심을 바꾸도록 강요당하지 않을 자유도 있다. 그리고 더 나아가, 양심에 어긋나는 행동을 강요당하지 않을 자유도 있다. 침묵의 자유도 양심의 자유의 한 모습이다.

《피노키오의 모험》에 유명한 장면이 있다.

세 번째 거짓말을 하자 불쌍한 피노키오의 코는 어느 쪽으로도 몸을 돌릴 수 없을 정도로 어마어마하게 길어졌다. 이쪽으로 움직이면 유리창에, 저쪽으로 움직이면 방문에 부딪쳤다. 머리를 조금만 들면

코가 요정의 눈을 찌를 것 같다.

“왜 웃는 거예요?”

“네가 거짓말을 해서 웃는단다.”

“내가 거짓말했다는 걸 어떻게 알아요?”

“피노키오, 그건 금방 알 수 있어. 거짓말에는 두 가지가 있단다. 하나는 다리가 짧아지는 거짓말이고, 다른 하나는 코가 길어지는 거짓말이지. 네 경우는 코가 길어지는 거짓말이야.”

세상 사람들이 모두 피노키오처럼 된다면 어떻게 될까? 누구든 거짓말을 할 때마다 코가 길어지거나 다리가 짧아져 드러나게 된다면 말이다. 그렇게 되면 이 사회는 깨끗하고 밝은 양심의 천국이 될까? 하지만 그것은 공상에 지나지 않는다.

만약에 가능하다고 해도 나는 그런 세상을 원하지 않는다. 자기 마음속에 간직하고 있는 양심의 상태가 항상 다른 사람에게 드러난다면 그런 세상은 너무도 숨이 막힐 것이다. 도덕이나 양심을 지키며 살 것인가도 자기가 결정할 문제이기 때문이다.

설사 나쁜 양심일지라도 그 사람이 알려지는 것을 원하지 않는다면 일단 그 비밀은 지켜져야 할 필요가 있다. 양심은 다른 사람들의 의견에 의해 쉽게 바뀌는 것이 아니다. 그리고 다른 외부의 힘에 의해 쉽게 바뀌는 것도 곤란하다. 양심에 관한 모든 것은 스스로 결정할 수 있어

야 한다.

하지만 한 가지 명심해야 할 것이 있다. 자기 마음대로 생각한 것을 양심이라고 우겨서는 안 된다는 것이다. 사람은 항상 자기 자신과의 대화를 통해서, 다른 사람들의 반응을 통해서, 스스로 거듭날 수 있어야 한다. 그리고 거짓말을 했을 때 돌아오는 결과를 통해서 스스로 진실의 가치를 깨달을 수 있어야 한다. 그때 누구나 비로소 진정한 양심을 가진 인간이 될 수 있다.

돈으로는 결코 살 수 없는 것

양심은 어느 누구도 강요할 수 없다고 했다. 그것은 국가도 마찬가지다. 국가 권력이 개인에게 어떤 양심이나 특정한 사상을 강요해서는 안 된다. 공산주의는 미워하고 반드시 자유 민주주의만 믿어야 한다고 강요할 수도 없다. 국가와 사회를 위해서 충성을 강요해서도 안 된다. 국가를 위해 몸과 마음을 다 바치겠다는 서약을 강제로 시킬 수도 없다.

우리는 한때 사상 전향이란 이름으로 양심의 자유를 짓밟은 적이 있다. 공산주의나 사회주의 사상을 가진 사람들을 위협해서 자유 민주주의 사상으로 바꾸도록 계획했던 제도다. 많은 사람들과 다른 생각을 가지고 있다고 해서 몇몇 사람의 생각을 억지로 바꾸려고 했던 것이다. 국가는 이런 강압에 굴복하지 않는 사람들을 수십 년간 감옥에 가두었다. 이런 제도는 양심의 자유를 침해하는 대표적인 예가 되었다.

이름은 그럴듯하지만 준법 서약이란 요구도 조금도 다를 바 없다. 법을 지키겠다는 것을 서약하라는 의미이지만 실은 간단하지 않다. 사상이 다르다는 이유로 감옥에 갇힌 사람들 중에서 앞으로는 같은 행위를 하지 않겠다는 서약을 하는 사람만 석방한 것이다. 그러나 석방을 미끼로 서약을 강요하는 행위도 양심의 자유를 침해한다.

우리에게는 양심을 실현할 자유가 있다. 양심은 내면에만 머물러 있을 수는 없다. 옳다고 생각되면 행동으로 옮길 수 있어야 한다. 물론 그 행동이 다른 사람의 이익을 침해하지 않아야 보호받을 수 있다.

해리엇 스토 부인이 《톰 아저씨의 오두막》이란 소설을 쓰게 된 것도 양심이 시키는 일을 거부할 수 없었기 때문이다. 스토 부인은 미국 신시내티에 살 때 강을 건너 탈출하는 노예들을 목격한 적이 있었다. 그 경험은 오랫동안 스토의 양심을 계속 부추겼다. 무언가를 쓰지 않고는 견딜 수가 없었다. 그래서 자유를 찾아 탈출하다 총에 맞아 죽은 흑인 노예의 이야기부터 쓰기 시작했다. 다음날 아이들에게 그 이야기를 읽어 주자 모두 울었다. 저녁에 들어온 남편에게 읽어 주었더니 그도 눈물을 흘렸다.

《톰 아저씨의 오두막》 중에 이런 장면이 있다. 톰 아저씨의 주인인 레그리는 성격이 포악한 목화 농장 주인이다. 어느 날 레그리는 흑인 노예인 캐시가 일을 못한다고 때리려고 했다. 그러자 캐시는 밖으로 나가 버렸고, 화가 난 레그리는 씨근덕거리며 톰에게 이렇게 명령했다.

"난 목화 농장의 감독을 시키려고 너를 사왔다. 그러니 저 여자를 끌고 가서 회초리로 후려갈겨! 방법은 너도 보아서 잘 알고 있겠지?"

"주인님, 죄송하지만 그것만은 시키지 말아 주십시오. 제발 부탁입니다. 그런 일은 한 번도 해본 적이 없습니다요."

"그러니 가르쳐 주겠다잖아!"

레그리는 가죽 채찍으로 톰 아저씨의 뺨을 힘껏 후려갈겼다.

"어때! 이래도 못 하겠다는 거야?"

"저는 못합니다. 저는 밤이나 낮이나 살아서 숨쉬고 있는 한 일을 할 것입니다. 그렇지만 사람을 때리는 일만은 할 수 없습니다."

레그리는 톰이 겁을 먹고 선뜻 자기 말을 따를 줄 알았다. 그러나 톰의 뜻밖의 태도에 깜짝 놀랐다.

"무엇이 어째? 그럼, 네 놈은 내가 이 여자를 때리는 게 옳지 않다는 거야?"

"예, 그렇습니다요, 주인님. 저를 죽이든 살리든 마음대로 하십시오. 그렇지만 이 여자를 때릴 수는 없습니다."

레그리는 화가 치밀어 몸을 부르르 떨었다.

"야 이놈아, 난 네 주인이야. 난 1,200달러를 주고 네 몸과 영혼을 사온 거야.”

“아닙니다. 저의 영혼은 주인님의 것이 아닙니다. 영혼은 돈으로 살 수 없는 것입니다.”

이 장면이 깊은 인상을 주는 것은 톰이 레그리의 부당한 명령에 따르지 않고 자신의 양심을 따랐기 때문이다. 어떠한 폭력에도 맞서 굴복하지 않는 이런 것을 바로 양심의 실현이라고 할 수 있다.

자기의 양심을 지키려고 여러 가지 어려움을 이겨내는 사람들이 많다. 예를 들어 군대에서 사람을 죽일 수 있는 총을 들고 훈련받는 것이 자기의 종교적 양심에 반한다고 생각하는 사람이 있다. 이런 사람들을 법을 어겼다고 무조건 처벌해서는 곤란하다. 그런 사람을 억지로 군대에서 훈련받게 한다면 그 사람의 양심의 자유를 침해하는 결과가 되고 만다. 따라서 병역 의무를 대신할 수 있는 다른 기회를 주는 것이 올바른 일이다.

이런 경우도 있다. 어떤 부모가 종교적 믿음을 이유로 수혈을 거부해 자식이 죽었다. 그러나 그 부모가 다른 모든 방법을 동원해 치료를 게을리하지 않았다면 피를 뽑는 것이 신의 뜻을 거역하는 것이라고 믿은 부모의 양심은 보호되어야 한다.

누군가가 다른 사람의 명예를 훼손한 사실이 법정에서 인정됐다고 하자. 그렇더라도 법원은 명예를 훼손한 사람에게 피해를 배상하라고 할 수는 있지만 공개적인 사과 광고를 내라고 강요할 수는 없다. 사과하고 안 하고는 개인의 양심에 속하는 문제이기 때문이다.

독일 연방헌법재판소는 "개인의 양심의 내용에 대해 법관은 그 옳고 그름을 판단해선 안 된다"고 했다. 개인의 윤리적 판단으로 결정할 문제를 법으로 강요한다면 인간에게 이중 인격자가 되라는 말과 같다는 것이다. 자기가 믿고 있는 생각을 양심으로 갖고 있지만 누군가 폭력을 행사하면서 그 양심을 강제로 바꾸라고 요구하면 어떻게 될까? 겉으로만 양심을 바꾼 것처럼 연기를 해야 할 것이다. 그렇게 하는 것은 한 사람의 양심의 자유만 해치는 것이 아니라, 그 사람의 인간성 자체를 파괴하는 일이 될 수 있다.

잊혀진 사람들, 양심수

국가의 법이 지시하는 것과 자신의 양심이 지시하는 내용이 서로 다를 수 있다. 이때 법을 따르지 않고 양심에 따라 행동함으로써 감옥에 갇힌 사람들을 양심수라고 한다. 우리나라는 아직도 북한을 적으로 규정하고, 북한이 주장하는 사회주의를 따르거나 주장하는 행위를 처벌하고 있다. 하지만 사회주의에 대한 자신의 양심을 바꾸기를 거부하고 수십 년간 감옥에서 지낸 사람들이 있다. 이런 양심수는 사람을 죽였거나 물건을 훔친 다른 범죄자들과는 다르게 대우해야 한다.

세계 양심수들의 석방을 위해 노력하는 단체가 바로 엠네스티이다. 이 단체가 만들어진 계기는 영국의 변호사였던 피터 베넨슨의 양심 때문이었다. 그는 어느 날 신문에서 포르투갈 정부에 체포된 두 대학생에 관한 기사를 읽었다. 그 학생들은 리스본의 한 술집에서 자유를 외치며 건배했다는 이유로 감옥에 갇힌 것이다.

베넨슨의 양심은 개인의 신념이나 종교가 그 나라 정부가 받아들일 수 없는 것이라는 이유로 처벌될 수는 없다는 것이다. 양심에 따른 정의를 실현하기에 변호사의 힘만으로는 부족하다고 생각했다. 보다 많은 사람들의 힘과 행동이 필요했다. 그래서 그는 '잊혀진 수인들'이란 제목의 글을 써서 일요일마다 발행하는 주간 신문《옵서버》에 실었다. 그 글은 많은 사람들의 양심에 불을 당겼다. 그리하여 베넨슨의 생각에 따르는 사람들이 모여 1961년 앰네스티라는 단체를 만들었다. 엠네스티는 지금도 사형 제도 폐지와 양심수 석방 운동을 통해 양심의 자유를 지키고자 노력하고 있다.

하지만 세상의 모든 일이 그러하듯, 이런 노력을 하는데도 우리의 양심은 자유롭지 못하다. 양심이 폭력에 의해 시달릴 때 우리는 분노한다. 사람의 양심을 괴롭히는 것만큼 참기 어려운 일도 드물다. 그러니 다른 사람의 양심을 해치는 비양심적 행위는 가장 먼저 물리쳐야 할 폭력이다. 그런 비양심이 혹시 우리 가슴속에서 싹트고 있지 않는지 항상 경계해야 한다.

《허클베리 핀의 모험》에 보면 허크와 톰이 인간의 비양심을 조롱하는 장면이 나온다.

옳은 일을 하든 그른 일을 하든 차이가 없다. 인간의 양심이란 무엇이 옳고 그른지 제대로 분별할 줄 모르는 법이다. 이렇든 저렇든 그저 인간을 공격할 뿐. 만일 인간의 양심보다 더 사리를 분별하지 못하는 똥개가 있다면, 난 그놈을 죽여 버릴 것이다. 양심은 인간의 내부에서 다른 무엇보다도 많은 자리를 차지하고 있지만, 아무 쓸모도 없다.

백인이 흑인을 차별하고, 가진 사람이 못 가진 사람을 멸시했다. 이런 모습만 보고 지내던 톰과 허크의 생각은 심각해질 수밖에 없었다. 대부분의 인간이란 겉으로는 옳은 일을 하는 사람과 그른 일을 하는 사람으로 구분되는 것 같지만, 항상 자기 이익만 앞세우고 남을 생각하지 않는다는 점에서는 모두 똑같다고 느꼈다. 모두 비양심적인 행동이기 때문이다.

그래서 톰과 허크는 그런 인간들을 비웃어 주고 싶었다. 인간의 양심이 양심적으로 움직이지 못할 바에야, 그런 비양심은 똥개보다도 못하다는 것이다.

이해를 못하신 것 같은데 그것은 '시'입니다

표현의 자유

미국의 프랭크 바움이 쓴《위대한 마법사 오즈》. 만화 영화나 연극으로도 만들어질 만큼 재미있는 이야기다. 도로시는 회오리바람에 날려 마법의 도시 에메럴드로 가게 된다. 거기서 뇌가 없는 허수아비와 심장이 없는 양철 나무꾼 그리고 겁쟁이 사자를 만나 위대한 마법사 오즈를 찾아 나선다.

도로시가 잠에서 깨어났을 때, 눈부신 햇살이 나뭇가지 사이로 스며 나오고 있었다. 침대에 일어나 앉은 도로시는 주위를 돌아보았다. 허

수아비가 도로시를 기다리며 한쪽 구석에 조용히 서 있었다.

"밖에 나가서 물을 찾아봐야겠어."

도로시가 이렇게 말하자 허수아비는 영문을 알 수 없었다.

"물은 왜 찾는 거지?"

"하루 종일 걸어오느라 더러워진 얼굴을 깨끗이 씻어야지. 마시기도 해야 하고 말이야. 그래야만 마른 빵 때문에 목이 메지 않아."

"사람이 된다는 건 무척 불편한 일이군."

허수아비는 깊은 생각에 빠진 사람처럼 말했다.

"잠도 자야 하고 먹기도 해야 하고 마시기도 해야 하니 말이야. 어쨌든 사람들은 뇌를 가지고 있잖아. 아무리 귀찮고 힘들어도 생각을 할 수 있다면 그만한 가치는 있겠지."

허수아비가 오즈를 찾아가는 이유는 사람처럼 생각하고 싶기 때문이다. 왜 그랬을까? 뇌가 없는 허수아비는 옥수수 밭도 제대로 못 지키고 새들에게 비웃음을 받는 설움을 겪었던 것이다. 허수아비 역할을 제대로 못하자 늙은 까마귀는 이렇게 위로를 해준다.

"만약 네 머리 속에 생각할 수 있는 뇌만 있었다면, 너도 다른 사람들만큼 훌륭한 허수아비가 되었을 거야. 어쩌면 그들보다 훨씬 더 나을지도 모르지. 생각할 수 있는 머리야말로 이 세상에서 유일하게 가치 있는 것이니까. 그건 사람이든 까마귀든 마찬가지란다."

그런데 잘 생각해 보면 이상한 점이 있다. 머릿속에 뇌가 없는 허수아비가 어떻게 도로시에게 자기 생각을 말하고 있는지 의아스럽다. 허수아비는 뇌가 없는데 무슨 생각을 말할 수 있는 것일까?

조금 깊이 생각해 보면 재미있는 것을 발견할 수 있다. 인간은 뇌를 통해 인간의 생각을 할 뿐이다. 인간은 생각하고 판단하는 능력인 이성을 가졌고, 그래서 인간의 존엄성과 가치를 지닌다고 했다.

그러나 뇌가 없는 허수아비가 생각한 것은 다름 아니라 허수아비의 생각이다. 허수아비뿐 아니라 까마귀도, 양철 나무꾼도, 인간을 제외한 이 세상 만물은 인간이 모르는 자기 생각을 가지고 있다. 따라서 허수아비가 갖고 싶어하는 것은 도로시와 같은 사람의 생각이다. 결국 허수아비는 사람이 되고 싶은 것이다.

여기서 인간과 다른 생물의 차이에 대해 이야기하려는 것은 아니다. 사람이 생각할 수 있는 능력을 가지고 어떻게 하는가를 말하려 한다.

인간은 인간으로서 생각하는 힘을 가지고 있다. 그리고 누구나 자유롭게 생각할 수 있다. 생각한 것이 일정하게 쌓여 자기가 살아가는 데 길잡이가 될 만한 것을 양심이라고 할 때도 있고 사상이라고 할 때도 있다. 인간에게는 양심의 자유가 있다고 했다. 사상의 자유는 양심의 자유의 한 부분이므로 마찬가지로 누구나 가지고 있는 권리다. 그러나 인간은 마음대로 생각하는 것만으로는 만족하지 못한다. 생각한 것을 표현하고 싶은 욕망을 가지고 있기 때문이다.

아름답고도 슬픈 이야기 《플란다스의 개》의 네로가 떠오른다. 영국 작가 위다가 쓴 이 작품은 많은 사람들의 가슴을 울렸다. 부모를 일찍 여의고 가난한 농사꾼인 할아버지와 둘이 사는 네로는 파트라슈라는 개와 함께 우유 배달을 하면서 밝게 지냈다. 네로는 누가 가르쳐 주지도 않았는데 그림 그리는 것을 무척 좋아했다. 물감을 살 돈이 없어서 숯으로 나무판에 그림을 그렸다. 네로는 한 번도 보지 못했지만 큰 마을 대성당에 걸려 있는 루벤스의 〈예수 승천〉 같은 훌륭한 그림을 그리겠다고 다짐했다. 하지만 그림으로는 빵을 살 수 없다는 현실에 할아버지는 마음 아파했다.

"네로야. 우리가 가난뱅이인 건 사실이야. 그리고 이 세상에는 가난하다는 이유 때문에 놀림당하고 푸대접을 받는 사람들이 많단다. 그래서 사람들은 기를 쓰고 돈을 벌려고 하는 게야. 가난한 게 죄는 아니지만, 불평등한 대접을 받지 않으려면 우선 돈이 필요하단다. 할아버지가 너한테 농사를 지어서 돈을 벌라고 하는 것도 다 그런 이유 때문이란다."

네로는 할아버지의 이야기를 들으면서 하늘을 쳐다봤다. 별들이 총총하게 빛나고 있었다.

네로는 그 별들 중에서 가장 빛나는 별을 뚫어지게 쳐다보면서 이렇게 생각했다.

"아냐, 큰 부자가 되지 않아도 당당하게 살 수 있어. 이 다음에 루벤스처럼 훌륭한 화가가 된다면 부자가 되는 것보다 더 떳떳해질 수 있을 거야. 난 훌륭한 화가가 될 거야. 그래서 사람들이 나를 더 이상 깔보지 못하게 할 거야. 꼭 해낼 거야!"

네로는 자기의 생각을 그림으로 그려서 사람들에게 희망을 주고 즐거움과 기쁨을 주리라는 꿈을 가졌다. 하지만 할아버지가 죽고 혼자 남은 네로는 그림전에 출품했으나 입선하지 못했다. 물감이 없어서 숯으로 그린 그림을 심사위원들이 알아 주지 않은 것이다. 마지막으로 기대했던 상금도 받지 못하자 네로는 먹을 것도 없는 불쌍한 처지가 되고 만다.

눈 내리는 추운 겨울밤이 지나고 아침이 되었다. 대성당의 신부는 성당 안에 네로와 파트라슈가 서로 부둥켜안고 저 세상으로 가버린 모습을 발견했다. 지난밤 추운 거리를 헤맸던 네로는 마지막으로 그렇게 보고 싶어했던 루벤스의 그림을 보며 자기의 꿈을 다짐하면서 하늘의 별이 됐다.

네로가 그토록 하고 싶어 한 것은 오직 그림 그리는 것이었다. 할아버지의 사랑, 여자 친구인 알로아의 예쁜 모습에 대한 자기 생각을 그림으로 표현해서 사람들에게 알리고 싶었던 것이다.

인간은 혼자 사는 것이 아니라 사회라는 공동체 안에서 다른 사람과 함께 어울려 살아간다. 따라서 자기 생각을 다른 사람에게 전하고, 마찬가지로 다른 사람의 의견을 듣기도 한다. 그렇게 하여 서로 다른 생각을 놓고 토론하기도 하고, 같은 생각이 모이면 실천에 옮기기도 한다. 그런 과정을 흔히 의사 소통이라고 한다.

무엇인가 자기의 생각을 표현하고자 하는 것은 자기 자신을 위해 유익한 일이다. 그리고 모든 사람이 서로 표현하는 행위를 통하여 사회를 더욱 아름답게 가꾸기도 하고 더 좋은 모습으로 바꾸기도 한다. 그래서 인간이 사는 사회의 역사가 진행된다. 표현하는 행위는 사회를 위해서도 꼭 필요하다.

친구들과 대화하는 것도 표현의 한 방식이다. 그 단계에서 더 나아가면, 특별한 양식에 따른 전문적인 표현을 하기도 한다. 네로가 그림에 소질이 있었듯이, 사람은 저마다 가진 소질이나 취미에 따라 표현을 점점 전문화한다.

전문적인 표현 행위를 하는 사람은 그러한 표현을 통해 자기 자신의 개성을 나타냄으로써 인간으로서 가치를 실현한다. 그리고 더 나아가 자신이 속한 사회가 성숙하고 변화하는 데 도움을 준다. 결국 표현을 자유롭게 할 수 있도록 보장하는 것은 인간 개인과 사회 모두를 위해 필요하다. 전문적인 내용을 표현하는 대표적 수단이 예술과 학문이다.

이해를 못하신 것 같은데, 그것은 시입니다

먼저 예술을 살펴볼까? 예술이란 이런 것이라고 한마디로 말하기는 정말 힘들다. 흔히 아름다움을 추구하고 창조하는 행위라고도 하지만, 예술의 목적이 아름다움에만 있는 것은 아니다. 그리고 아름다움의 기준도 아주 애매하다.

어쨌든 예술은 사람의 사상이나 감정을 특별한 도구나 수단을 통해 표현하는 행위를 말한다. 그 표현 방식은 보통 새로운 것을 창조하는 형식이다. 예를 들어 인간의 사상이나 감정을 소리의 높낮이와 길이의 조화로 표현하는 것은 음악이고, 색과 형태 등으로 표현하는 것은 미술이며, 글로 표현하는 것은 문학이다.

대충 그렇게 말하지만, 예술은 워낙 다양해서 한마디로 표현하기가 어렵다. 그리고 예술을 이해하는 방식이나 기준도 사람마다 다르다. 어떤 사람이 훌륭하거나 아름답다고 하는 것이, 다른 사람에게는 형편없고 추한 것으로 느껴질 수도 있다.

그건 《홍당무》의 아버지와 아들의 편지만 봐도 알 수 있다.

홍당무야,

오늘 아침에 받은 네 편지를 읽고 깜짝 놀랐다. 몇 번이나 연거푸 읽어 보았으나, 뭐가 뭔지 도무지 알 수 없구나. 너의 여느 때 문장과도 다르고, 말하고 있는 내용도 괴상망측해서 너에게나 나에게도 전혀 딴판이라고 여겨질 뿐이다.

내가 알고 싶은 것은 너의 성적, 새로운 친구의 이름, 최근에 있었던 일과 같은 것들이다. 그런데 오늘 아침의 편지는 도저히 뭐가 뭔지 이해할 수 없구나. 대체 어째서 이 한겨울에 봄 이야기를 썼니? 무슨 뜻이냐? 목도리라도 필요하다는 말이냐? 글씨체도 어쩐지 보통과 다르고 행수라든가 큰 글자의 수도 달라서 나로서는 그저 어리둥절할 뿐이다. 너는 누군가를 놀릴 작정인 것 같구나.

— 아빠가

아빠,

지난번의 편지에 대해서 먼저 한 말씀 드리겠습니다. 이해를 못하신 것 같은데, 그것은 시입니다.

— 홍당무 올림

홍당무도 시를 쓰고 싶은 때가 있었던 모양이다. 누구든지 그런 표현의 욕구를 가지고 있다. 아무튼 예술 행위도 자유롭게 할 수 있어야 하지만, 예술을 감상하고 평가하는 것도 그 사람의 자유다.

북한의 김득순이 쓴 〈꾀꼬리의 노래 주머니〉를 보면 뭔가 이해할 수 있다.

이 이야기에서는 꾀꼬리의 소리가 어떻게 그렇게 아름다운지 잘 알려 준다. 꾀꼬리는 원래 태어날 때 앞가슴에 노래 주머니를 달고 나왔다고 한다. 노래 주머니 때문에 꾀꼬리의 노래는 은방울이 흐르는 듯, 금구슬이 구르는 듯 아름다웠다. 그래서 꾀꼬리가 노래하면 숲속의 모든 새들이 함께 따라하며 춤을 추었다. 그런데 어느 날 꾀꼬리는 노래 주머니를 탐낸 독수리의 꾐에 빠져 잡히고 말았다.

밑에서 무엇이 움썰하더니 꾀꼬리의 발을 거머쥐는 놈이 있었습니다. 깜짝 놀라 내려다보니 뜻밖에도 독수리였습니다.

"앗!"

꾀꼬리는 있는 힘을 다해서 빠져나가려고 발버둥쳤습니다.

"자, 그러지 말고 어서 노래를 불러라."

독수리는 꾀꼬리의 발을 붙잡고 쉰 목소리로 말하였습니다. 바윗돌 같은 몸뚱이며, 키짝 같은 두 날개, 쇠창 같은 뾰족한 부리, 갈고리 같은 발톱은 보기만 해도 소름이 끼쳤습니다.

꾀꼬리는 깨알 같은 눈알을 대록대록 굴리며 생각해 보았습니다.

'이놈이 왜 노래를 부르라고 할까? 옳지, 그러면 동산의 새들이 날아올 테지. 그러면 가만히 앉아서 새들을 잡아먹자는 것이구나.'

교활한 독수리의 속심을 꿰뚫어 본 꾀꼬리는 부리를 꼭 다물었습니다. '어떤 일이 있어도 네 놈이 시키는 대로 노래를 부르지는 않을 테다.'

꾀꼬리도 독수리의 명령에 따라 노래를 하고 싶지는 않았던 것이다. 화가 난 독수리가 노래 주머니를 빼앗으려 했다. 그러자 꾀꼬리는 얼른 노래 주머니를 삼켜 버렸다. 그래서 지금의 꾀꼬리는 여전히 아름다운 소리를 내지만, 노래 주머니는 목 안에 있어 보이지 않는다.

예술의 자유란 예술 행위를 강제로 당하지 않을 권리도 포함한다. 즉 예술의 자유는 자발적으로 예술 행위를 할 수 있는 상태를 뜻한다.

창작의 자유, 발표의 자유

창조는 우선 내가 생각하고 있는 것을 쓰거나 그리거나 어떤 모양으로 만들 수 있어야 가능하다. 만약 그렇지 못하면 어떻게 될까. 《이상한 나라의 앨리스》의 속편이라 할 수 있는 《거울 나라의 앨리스》의 한 장면은 평범해 보이지만 많은 생각을 하게 한다.

고양이 키티를 안고 있다가 꿈속의 거울나라로 빠져 들어간 앨리스는 하얀 왕을 만났다. 왕이 주머니에서 엄청나게 큰 공책을 꺼내 무엇인가 쓰려고 하는 것을 본 앨리스는 장난이 치고 싶었다. 앨리스는 왕의 어깨 위로 비죽이 나와 있는 연필 끝을 잡고 왕 대신 쓰기 시작한 것이다.

제 마음대로 움직이는 연필 때문에 왕은 당황했다. 젖 먹던 힘까지 동원해 연필을 멈추게 하려고 했지만 엘리스의 힘을 당할 수 없었다. 마침내 왕은 헐떡거리며 여왕에게 말했다.

"여보, 좀더 가는 연필을 구해야겠어. 이 연필로는 도대체 쓸 수가 없어요. 내가 생각하지 않은 것까지 멋대로 적으니……."

체스판 위의 하얀 왕은 '나에게는 쭈뼛해질 수염이 없다'고 쓰고 싶었는데, 앨리스가 뒤에서 연필을 쥐고 움직여 '하얀 기사가 부지깽이를 타고 미끄러져 내려간다'고 써 버리게 했다면, 하얀 왕의 기분은 어떨까. 가엾게도 하얀 왕은 자기의 생각대로 글을 쓸 자유를 잃은 셈이 된다. 공책에 쓰여진 내용은 하얀 왕이 쓰고 싶었던 내용과는 아무 상관이 없다. 다만 앨리스가 장난스럽게 꾸며 낸 것에 지나지 않는 것이니까 말이다.

그러나 다른 사람들은 공책에 쓰여진 글을 하얀 왕이 쓴 것이라고 믿을 수밖에 없다. 자기 의사와 관계없이 앨리스가 쓴 것이라는 사실을 밝히지 못하면, 하얀 왕은 그 글에 대한 책임도 스스로 져야 하는 것이다. 소설에서는 장난으로 그쳤지만, 만약 그 글의 내용이 다른 사람을 함부로 욕하는 것이거나, 다른 사람에게 무엇인가 중요한 약속을 하는 내용이라면 어떻게 됐을까? 하얀 왕은 꼼짝없이 사과하거나 약속을 지킬 수밖에 없게 되는 것이다.

앨리스는 비록 장난으로 손가락만한 체스판 위의 하얀 왕 뒤에서 연필을 쥐고 꼼짝 못하게 했지만, 실제로 누군가 내 등 뒤에서 힘으로 꼼짝 못하게 한다면 얼마나 끔찍할까. 친구에게 '너를 사랑해'라고 쓰려고 했는데 '너를 미워해'라고 써 버렸다면, 사과를 그리고 싶은데 억지로 자동차를 그려야 한다면, 차라리 글을 쓰거나 그림을 그리지 않는 편이 나을 것이다.

자신의 의지대로 생각하는 것을 마음껏 표현하는 것을 예술의 자유라고 이야기한다. 예술의 자유는 두 가지로 나누어 생각해 볼 수 있다. 우선 자유롭게 창작할 자유가 있다. 그 다음으로 이렇게 만들어진 예술 작품을 사람들에게 발표할 자유가 있다.

예술은 골방에서 자기 혼자만 즐기려고 만드는 것이 아니라 애당초 다른 사람에게 보여 주고 알리기 위한 활동이다. 따라서 한 인간의 정신 활동의 결과인 예술 작품을 발표하지 못하게 하는 것은 예술의 자유를 박탈하는 것이다.

흔히 예술의 자유는 국가에 의해 침해되기도 한다. 가장 대표적인 것이 사전 검열이다. 예술 활동을 발표하기 전에 나라에서 미리 심사하여 발표를 허락할 것인지 결정하는 제도를 말한다. 실제로 우리나라에서는 작곡가와 작사가와 가수가 함께 작업하여 노래 한 곡을 만들어도, 그것을 음반으로 만들어 팔려면 반드시 심사를 받아서 통과해야 했던 때가 있었다. 그런 것이 사전 검열에 해당한다.

하지만 자기가 표현하고 싶은 모든 것을 사람들에게 보여 줄 수는 없다. 대부분의 권리가 그렇듯이, 예술의 자유도 무한정의 자유일 수는 없다. 그래서 법에 의해 일정한 제한을 받을 수도 있다. 왜냐하면 한 사람의 예술 행위가 다른 사람의 명예를 훼손하거나 사회의 질서를 어지럽힌다면 범죄 행위가 되기 때문이다. 그러나 그럴 때에도 어떤 예술 행위를 미리 검열하지 않고 발표된 뒤에 범죄 행위에 해당하는지를 심사하고 판단하면 된다. 또 어떤 경우에는 청소년에게 해롭다고 어른들만 보게 하기도 한다. 하지만 무엇이 이롭고 무엇이 해로운지, 어른에게 괜찮은 것이 왜 아이들에게는 나쁜지, 그 판단을 내리기는 쉽지 않다.

개인의 자유보다 질서 유지에 더 신경 쓰는 사람들은 예술 행위가 다른 사람에게 끼치는 피해를 미리 예방하기 위해 사전 검열 제도가 필요하다고 주장한다. 하지만 사전 검열은 어떠한 경우에도 안 된다. 사전 검열은 예술 행위를 하는 예술가에게 치명적인 상처를 입힐 수 있기 때문이다.

왜 그럴까? 사전 검열이 있으면, 예술가는 우선 창작 활동을 하기 전에 또는 하는 도중에 자기가 하고 있는 일의 결과가 법에 위반되지는 않을까 항상 걱정해야 한다. 그림을 하나 그리면서도 '이건 음란하지 않을까', 가사를 한 줄 쓰고도 '이건 청소년들에게 해롭지 않을까' 하며 살필 수밖에 없다. 그런 상황을 보통 자기 검열이라고 한다.

예술가는 무한한 상상력으로 다른 사람들이 생각하고 발견하지 못하는 것들을 만들어내려고 노력한다. 따라서 가능하면 누구로부터도 방해받아서는 안 된다. 그런 정신은 예술가에게는 생명과 같다. 그런데 사전 검열 때문에 자꾸 자기 자신을 검열하면, 예술가의 정신 세계의 폭은 훨씬 좁아지고 만다.

이것은 예술가들만 피해를 보는 일이 아니다. 예술의 자유를 부당하게 제한하면, 예술가의 예술 활동뿐 아니라 일반 사람들이 좋은 예술 작품을 골라 감상할 수 있는 권리마저 방해하는 꼴이 된다.

그래도 지구는 돈다

이제 학문의 자유에 대해서 생각해 본다. 학문의 자유는 흔히 진리 탐구의 자유를 말한다. 학문은 진리 탐구를 목적으로 하는 인간의 논리적인 생각의 방법이라 할 수 있겠다. 도대체 진리란 무엇이며 과연 진리란 게 존재하는 것인지는 잘 모르겠지만, 그건 학문하는 사람들에게 맡겨 두기로 하자.

학문을 연구하는 학자들이 그토록 진리라는 것을 찾아 고민하는 이유는 무엇일까? 그것은 학문의 목적이 결국 모든 인류가 행복하게 사는 데 도움이 될 것이라고 믿기 때문이다. 그래서 학문도 자유롭게 할 수 있어야 한다. 진리가 어디 있는지 모르니까, 그리고 진리를 어떻게 붙잡아야 할지 잘 모르니까 말이다.

《어린 왕자》에 보면 어린 왕자가 주변의 별을 여행하다가 학자를 만나는 장면이 있다.

여섯 번째 별은 열 배나 더 큰 별이었다. 그 별에는 무지무지하게 커다란 책을 쓰고 있는 늙은 신사 한 분이 살고 있었다.

"야! 탐험가가 하나 오는군!"

어린 왕자를 보며 그가 큰 소리로 외쳤다.

어린 왕자는 테이블 위에 걸터앉아 조금 가쁜 숨을 몰아쉬었다. 벌써 얼마나 긴 여행을 했는가.

"어디서 오는 거냐?"

그 노인이 물었다.

"이 두꺼운 책은 뭐예요? 여기서 뭘 하시는 거지요?"

어린 왕자가 물었다.

"난 지리학자란다."

노인이 말했다.

"지리학자가 뭐예요?"

"바다와 강과 도시와 산, 그리고 사막이 어디에 있는지를 아는 사람이지."

"그거 참 재미있네요. 그거야말로 직업다운 직업이군요!"

어린 왕자는 지리학자의 별을 한번 휘 둘러보았다. 그는 그처럼 멋진 별을 본 적이 없었다.

"할아버지 별은 참 아름답군요. 넓은 바다도 있나요?"

"난 몰라."

지리학자가 대답했다.

"그래요? (어린 왕자는 실망했다) 그럼 산은요?"

"난 몰라."

지리학자가 말했다.

"그럼 도시와 강과 사막은요?"

"그것도 알 수 없다."

지리학자가 말했다.

"할아버진 지리학자 아네요!"

"그렇지. 하지만 난 탐험가는 아니거든. 내겐 탐험가가 절대적으로 부족하단다. 도시와 강과 산, 바다와 태양과 사막을 세러 다니는 건 지리학자가 하는 일이 아냐. 지리학자는 아주 중요한 사람이니까 한가로이 돌아다닐 수가 없지. 서재를 떠날 수가 없어. 서재에서 탐험가들을 만나는 거지. 그들에게 여러 가지 질문을 하여 그들의 기억을 기록하는 거야. 탐험가의 기억 중에 흥미로운 게 있으면 지리학자는 그 사람의 품행을 조사하지."

"그건 왜요?"

"탐험가가 거짓말을 하면 지리책에 커다란 이변이 일어나게 될 테니까. 탐험가가 술을 너무 많이 마셔도 그렇지."

"그건 왜요?"

어린 왕자가 말했다.

"왜냐하면 술에 잔뜩 취한 사람에겐 모든 게 둘로 보이거든. 그렇게 되면 지리학자는 산 하나밖에 없는 데에다 두 개의 산을 기입하게 될지도 모르잖아."

어린 왕자가 만난 지리학자는 책상 위에 앉아 자료만 가지고 연구하는 모양이다. 학자의 편협성을 약간 비꼬는 느낌이 들기도 한다. 그렇지만 학자가 자기의 연구 결과가 진리와 어긋나는 거짓일까봐 두려워하는 모습을 보여 준다. 지리학자는 탐험가가 가져다 주는 자료를 가지고 연구한다. 그런데 탐험가가 잘못된 정보를 알려 주면 지리학자의 연구도 결국 거짓말이 되고 만다.

학문 연구는 어디서나 할 수 있다. 대학은 학문을 하는 대표적인 장소로 알려져 있다. 하지만 몇 사람들이 연구소에서 모여서 또는 혼자 골방에 틀어박혀서도 학문을 할 수 있다. 학문의 방법에도 제한이 없다. 제한이 없다는 것은 진리를 발견하는 뾰족한 방법이 있을 수 없다는 뜻이다. 그러니 다양한 방법으로 학문을 연구할 수 있도록 자유를 보장할 필요가 있다. 그래서 책을 읽고, 쓰고, 조사하고, 만들고, 직접 찾아가서 보고, 땅을 파고, 위험을 무릅쓰며 연구한다.

예술과 마찬가지로 학문의 세계에서도 가장 두려운 것은 감시와 검열이다. 공부하는 학자나 학생에게 도대체 누가 무엇을 검열하는지 고개를 갸우뚱할 수도 있다. 국가나 권력은 자유보다 질서를 좋아한다. 그래서 질서를 유지하는 데 편리하다고 생각하면 어떤 공부는 못하게 하고, 어떤 연구 결과는 발표하는 것을 막기도 한다.

베르톨트 브레히트라는 독일의 작가가 있다. 히틀러가 사상과 표현의 자유를 인정하지 않아 유럽과 미국으로 망명해 타향살이를 하기도 했다. 비록 동화는 아니지만, 브레히트가 학문의 자유가 얼마나 중요한가를 알리기 위해 쓴 희곡 〈갈릴레오의 생애〉에 보면 이런 장면이 나온다.

갈릴레오 : 왜 사과를 먹지 않았니?

안드레아 : 엄마한테 엄마 자신이 돌고 있다는 사실을 보여 주려고요.

갈릴레오 : 안드레아, 내 말 들어라. 다른 이들한테는 우리의 생각에 대해 말하지 말아야 한다.

안드레아 : 왜요?

갈릴레오 : 상부 당국에서 그런 생각을 금지했거든.

안드레아 : 그래도 그건 진리인걸요.

갈릴레오 : 그러나 당국이 그걸 금지한단다.

갈릴레오는 무언가 알고 있다. 하지만 자신의 진리에 대한 확신을 감히 사람들에게 발표하지 못한다. 그랬다가는 큰 처벌을 받게 될 것이기 때문이다. 그래서 갈릴레오는 어린 제자 안드레아와 얘기하면서 두려움에 떨고 있는 눈치다. 그 이유가 무엇인지, 다시 갈릴레오가 친구인 사그레도와 대화하는 내용을 엿들어 보자.

사그레도 : 자네, 분별력을 몽땅 잃어버렸나? 자네가 본 것이 진리일 경우, 자네가 어떤 수렁에 빠지게 될지 정말 모르나? 지구는 한낱 별이고 우주의 중심점이 이젠 아니라고?

갈릴레오 : 그렇지, 누구나 생각하듯, 모든 별들을 포함한 거대한 전 우주가 우리의 작은 지구 주위를 돌고 있는 게 아니라고!

사그레도 : 그러니까 오로지 별들만이 존재한다고! 그렇다면 하느님은 어디 있는가?

갈릴레오 : 저 위엔 없네! 저 위엔 피조물들이 있지. 그 피조물들이 하느님을 여기 지구에서 찾으려고 하는 경우, 하느님이 이 지구상에는 없는 것과 마찬가지일세!

사그레도 : 그렇다면 신은 어디 있는가?

갈릴레오 : 내가 신학자인가? 나는 과학자이네.

사그레도 : 무엇보다 자네는 한낱 인간일세. 그래서 나는 자네한테 묻는 걸세. 자네의 세계 안에는 신이 어디에 있나?

갈릴레오 : 우리 마음속에 있거나, 아무 데도 없거나!

이탈리아의 천문학자 갈릴레오 갈릴레이는 코페르니쿠스의 지동설을 믿었다. 폴란드의 철학자 코페르니쿠스는 이미 오래전에 태양이 세계의 중심으로 움직이지 않고 붙박혀 있으며, 지구는 그 주위를 도는 별들 중의 하나일 뿐이라고 생각했다. 그런데 갈릴레오는 자신의 연구로 확인한 그 진리를 발표하기 전에 몹시 조심스러워했다. 당시 국가보다도 힘이 더 셌던 교회에서 가르치는 것과 정반대의 내용이었기 때문이다.

결국 갈릴레오는 그 문제와 관련해 쓴 글 때문에 바티칸의 종교재판소에 끌려갔다. 유죄가 선고되었고, 갈릴레오는 다시는 그런 주장을 하지 않겠다고 서약한 뒤에야 자유로울 수 있었다. 17세기의 종교 법정은 학문의 자유뿐 아니라 갈릴레오 개인의 양심의 자유까지 침해한 것이다.

이런 일은 옛날에만 있었던 이야기는 아니다. 지금도 국가나 어떤 권력을 가진 집단은 학문에 간섭하려 든다. 그것은 바로 어떤 사람의 사상이 국가나 권력을 가진 사람의 생각과 다를 경우, 그것이 널리 퍼지는 것을 싫어하기 때문이다. 어떤 책을 파는 것이나 읽는 것을 금지하거나, 국가가 금지하는 내용의 책을 쓴 사람을 처벌하는 것이 바로 학문에 대한 검열이다. 그런 검열 행위는 학문하는 사람을 살인하는 것이나 다름없는 일이다.

사람이 자신의 의사를 표현하는 방법은 예술이나 학문 활동 외에도 많다. 국가에서는 여러 제도로 그런 표현의 자유를 보장하기도 한다. 우선 신문이나 방송으로 여러 사실을 보도할 자유가 있다. 그리고 책과 같은 인쇄물을 발행할 권리도 있다. 그러한 언론과 출판의 행위는 넓은 지역의 많은 사람에게 표현을 전달할 수 있는 큰 장점이 있다.

그러나 모든 사람이 자기 생각이나 주장을 표현하는 데 언론이나 출판을 이용할 수는 없다. 그래서 비슷한 생각을 가진 사람들이 모여서 집회를 하기도 하고, 자신들의 목소리를 대표하는 단체를 만들기도 한다. 그 밖에도 길거리에서 연설을 하거나, 벽보를 붙이거나, 전단을 만들어 지나다니는 사람들에게 나누어 주기도 한다. 이 모두가 자기 의사를 사람들에게 표현하는 방법이다.

이처럼 인간은 자기의 생각을 다른 사람들에게 표현하고 다른 사람들의 표현을 받아들이면서 살아가고 있다. 이런 자유로운 표현들이 어우러져야 함께 살 만한 세상을 만들 수 있는 것이다. 제각각의 소리를 내는 여러 악기로 연주하며 좋은 음악을 만드는 오케스트라처럼 말이다.

이제부터 아무도 내 일기를 볼 수 없어요

사생활의 비밀과 자유

'혼자 있는다'는 것은 사생활을 뜻한다. 미국의 토머스 쿨리라는 판사가 처음으로 사생활을 '혼자 있을 권리'라고 표현했다. 영어로 프라이버시라고 한다.

사람은 사회 속에서 여러 사람들과 어울려 공동 생활을 하고 있는데 왜 혼자 있고 싶을 때가 있을까? 사회가 없는 개인이란 것도 생각하기 어렵겠지만, 개인이 없는 사회란 아무런 의미가 없다. 지구 위에 살고 있는 수십 억의 사람들은 국가를 중심으로 크고 작은 사회를 이루어 살아간다. 국가나 사회는 개인의 생활을 가능하게 해 주는 울타리 구실을 하는 셈이다. 하지만 어떠한 사회라 할지라도 기초를 이루는 것은 개인의 생활이다. 개인이 없으면 사회도 있을 수 없다.

옛날 스웨덴에 닐스라는 씩씩한 소년이 살고 있었다. 닐스에게 가장 즐거운 일은 잠자는 것과 먹는 일, 그리고 장난치며 노는 것이었다.

일요일 아침, 닐스는 책상에 걸터앉아서 아빠와 엄마가 교회에 가기만을 기다리고 있었다.

"아빠와 엄마가 교회에서 집으로 돌아오실 때까지 두 시간 정도 신나게 놀 수 있을 거야. 오늘은 아빠의 총을 꺼내서 총놀이를 하면서 놀아야지. 아무도 말릴 사람이 없을 테니까, 정말 신이 날 거야."

닐스는 생각만 해도 즐거웠다.

"얘야, 교회에 가지 않으려거든 설교집을 꼭 읽어라. 알았지?"

아빠는 이렇게 말씀하셨다.

"예! 아빠 꼭 읽을게요."

닐스는 분명하게 대답하였다. 그러나 조금 읽는 체하다가 집어치울 속셈이었다.

여성으로서 최초로 노벨 문학상을 받은 스웨덴의 셀마 라게를뢰프의 《닐스의 신기한 여행》은 이렇게 시작한다. 자다가 몸이 작아져 거위를 타고 모험을 떠나는 닐스는 혼자 맘껏 놀기만 하는 아이는 아니었나 보다. 금방 졸음이 쏟아져서 깜박 잠이 들기는 했지만, 부모님 말씀대로 설교집을 읽으니 말이다.

여기서 한번 생각해 보자. 부모님이 집을 비우자 닐스가 모처럼 즐거웠던 이유는 무엇일까? 닐스가 정말 원한 것은 단지 놀고 싶은 것이라기보다는 혼자 있고 싶은 것이었는지 모른다. 아이든 어른이든 혼자 있고 싶을 때가 있는 법이니까. 그래서 '혼자 있을 권리'라는 것이 있다.

이런 개인의 생활을 사생활이라 한다. 인간의 사생활은 각자 나름의 하고 싶은 것을 하며 이루어진다. 누구로부터 간섭이나 방해를 받지 않아야 자기만의 생활을 가질 수 있다. 사생활이 있다는 것은 행복의 조건이기도 하다. 사생활이 없는 행복은 있을 수 없다. 만약 태어나서 죽을 때까지 공동 생활만 있고 사생활이 없다면 얼마나 지겹고 끔찍할까. 개인의 사생활이 보호되어야, 사회의 공동 생활도 활력을 가질 수 있는 법이다.

허클베리 핀이 나무통 속에 처박혀 혼자 지내기를 좋아하는 것이나, 《로빙화》의 아명이 가끔 돼지 우리 속에 드러누워 생각에 잠기는 것도 비슷한 이유에서다. 심지어 《꼬마 니콜라》에 나오는 어린 조아생까지 동생이 생기는 것은 안중에 없고 오직 자기만의 방을 갖기 원한다.

조아생에게 동생이 생겼다는 말을 듣고 뤼퓌스가 아는 척 거든다.

"앞으로 골치 아플걸. 아기가 집에 오면 처음엔 엄마 아빠 방에 재우겠지만, 그 다음엔 네 방을 같이 쓰게 할 테니까. 그러다 애가 울기라도 해 봐라. 틀림없이 네가 못살게 굴어서 그렇다고 생각할 거라고."

조아생이 소리쳤다.

"엄마 아빠가 무슨 소릴 해도 소용없어. 다른 건 몰라도 내 방에 재우는 건 절대 못 참아! 내 방이니까 나 혼자 써야 한다고. 자고 싶으면 딴 방에서 자면 되잖아!"

맥상이 말했다.

"그래 봤자 소용없어! 너네 엄마 아빠가 동생을 네 방에 재우겠다고 하면 그렇게 되는 거야. 어쩔 수 없어. 틀림없이 그렇게 된다고."

조아생이 단호하게 선언했다.

"딱 한 가지만 말해두겠는데 말야, 난 누가 내 방에서 자겠다고 귀찮게 굴거나, 친구들하고 놀려고 나가는 데 방해받는 거 정말 싫어해. 그러니까 날 못살게 굴면 난 집을 나가 버리고 말 거야. 내가 떠나 버리면, 모두들 날 그리워하겠지. 내가 군함 선장이 돼서 돈을 아주 많이 번다는 걸 알게 되면 더 아쉬워하겠지. 난 집이고 학교고 다 질려 버렸어. 뭐 하여튼 다 필요 없어. 이 몸은 집을 나간다는 생각만 해도 엄청 신이 난다고."

그렇다면 사람이 혼자만의 사생활을 가지면 무엇을 어떻게 할까? 물론 사생활은 무엇이든 자유다. 무엇을 하든, 아무것도 하지 않든, 남에게 전혀 간섭을 받지 않는 것이 사생활의 자유다. 사람들은 그런 자유를 통해 자기만의 세계로 들어갈 수 있다. 자기만의 세계로 들어가는 문은 자기만 알고 있다. 그리고 그 문은 어디에나 있지만, 다른 사람은 알지 못하는 법이다.

수산나 타마로의 《천사의 간지럼》에 나오는 천사와 마르티나의 대화에서 이것을 알 수 있다.

마르티나는 위를 쳐다보았다. 바로 그 천사였다. 표 파는 기계 위에 앉아서 사람들을 주의 깊게 살펴보고 있었다.

"내려와요. 그러고 있으면 사람들 눈에 띌 거예요."

마르티나가 천천히 말했다.

"그럴 염려는 없어. 절대로. 우리 천사들은 안 보이거든. 그러니까 우리는 투명하다 이 말씀이야."

"그럼 왜 나는 아저씨가 보이죠?"

"왜냐하면 네가 나를 필요로 했으니까. 그래서 네 눈앞에 형체를 드러낸 거야."

"변장을 했다는 말인가요? 그러니까 외로움을 덜어 줄 누군가가 필요해서 내가 당신을 창조했다는 말인가요?"

"이 세상에 보이는 것들만 존재한다고 생각하니?"

마르티나는 생각에 잠겼다.

"할아버지가 말했어요……."

"뭐라고?"

"주위에 보이지 않는 작은 문들이 많이 있고, 그 문들은 아주 아름다운 곳으로 열려 있대요. 단지 아무도 그 문을 열지 않는 것뿐이래요. 사람들이 문을 보지 못하니까 열지 않는 거래요……."

자기만의 세계에서는 마르티나처럼 천사를 만나서 얘기를 나눌 수도 있다. 이런 자기만의 소중한 세계로 들어가기 위해서는 혼자 있는 시간이 필요하다. 늘 부모에게 매달리거나 친구들과 어울려 놀기만 하는 사람들은, 언젠가 혼자 지내는 시간을 가져 보고 그 소중함을 느껴 볼 필요가 있겠다.

아무도 내 일기를 볼 수 없어요

사생활은 혼자 있는 시간만으로 채워지는 것은 아니다. 혼자 있을 권리가 보호되어야 하고, 또 그 사생활의 비밀이 지켜져야 한다. 비밀이 지켜지지 않는 사생활은 공개된 생활이지 진짜 사생활이 아니다.

우리의 일상 생활에서 개인의 비밀과 가장 친숙한 것은 일기다. 일기 하면 제일 먼저 떠오르는 사람이 있다. 안네 프랑크다. 안네는 독일

에서 태어났지만 유대인이었기 때문에 나치스의 박해를 피해 네덜란드에서 살았다. 부모와 함께 비밀 다락방에 숨어 불안과 공포 속에서 2년 가량 지내다가 결국 안타깝게도 독일 경찰에 체포되어 수용소에서 열다섯의 어린 나이에 숨졌다.

안네는 1942년 6월 12일부터 체포되기 사흘 전인 1944년 8월 1일까지 꼬박꼬박 일기를 썼다. 안네는 열세 번째 생일에 받은 체크 무늬 표지의 일기장에 '키티'라는 이름을 붙였다. 숨어 지내면서 이야기를 나눌 친구가 없었던 안네는 키티와 이야기를 나누는 형식으로 일기를 썼다.

당신에게라면 내 마음속의 비밀을 모두 다 털어 놓을 수 있을 것 같아요. 제발 내 마음의 지주가 되어 나를 격려해 주세요.

(1942년 6월 12일 금요일)

'종이는 인간보다 더 잘 참고 견딘다'는 옛말이 있습니다. 이 말이 문득 생각난 것은 마음이 좀 울적했던 어느 날 집 밖에 나가 놀까, 아니면 집 안에 틀어박혀 있을까를 결정하는 일조차 귀찮아서, 그저 멍청히 턱을 괴고 앉아 있을 때였습니다.

'그래, 맞았어. 종이가 잘 참고 견디는 건 확실해. 게다가 눈에 잘 띄게 일기라고 찍힌 두꺼운 표지의 노트에 적힌 내용은, 상대가 남자든 여자든 진정한 친구를 찾을 때까지는 아무에게도 보여 주지 않을 거니까, 여기에다 무엇을 쓰든 눈여겨볼 사람은 없을 거야' 하고 생각했습니다.

드디어 문제의 핵심, 내가 왜 일기를 쓰기 시작했는가에 대해 말할 차례인데, 그건 한마디로 말해서 마음을 털어 놓을 만한 참다운 친구가 나에게는 없기 때문입니다.

(1942년 6월 20일 토요일)

사랑하는 키티에게

지금까지 당신은 나에게 용기를 북돋워 주었습니다. 이렇게 편지를 쓸 수 있다는 것이 나에게는 큰 위로가 됩니다. 그냥 일기를 쓰는 것보다 이런 식으로 쓰는 편이 훨씬 재미있고, 덕분에 요즘에는 일기 쓰는 시간이 너무너무 기다려집니다.

당신과 함께 여기까지 오게 돼서 정말 기뻐요!

(1942년 9월 28일 월요일)

수민이가 초등학교 3학년 때의 일이다. 평소에는 학교 숙제로 쓴 일기를 곧잘 보여 주고 칭찬을 기다리기도 했는데, 어느 날 '이제부터 아무도 내 일기를 볼 수 없다'고 선언했다. 그래서 그 뒤로는 수민이의 일기를 볼 수 없었다. 수민이가 일기를 남에게 보여 주지 않기로 결정한 날의 일기에는 이렇게 쓰여 있었다.

'나도 이제부터 안네처럼 일기장을 내 비밀을 털어 놓는 유일한 친구로 삼겠다. 그런데 내 일기장의 이름은 무엇이라고 하지? 안네처럼 키티라 할까, 아니면 티키라 할까? 아니다, 내 일기장의 이름은 제제로 하는 게 좋겠다.'

수민이는 그 즈음 바스콘셀로스의 《나의 라임 오렌지 나무》를 읽었다. 그래서 그 주인공의 이름을 따 일기장의 이름으로 삼았다. 그런데 수민이가 일기장을 보여 주지 않았을 텐데 어떻게 그리 잘 아느냐고? 그건 나의 비밀이다.

"도대체 무슨 이야기니? 말해 봐!"

"네가 이렇게 서두르면 난 말 안 할 거야. 네가 정말로 내 친구라면, 내가 너한테 한 말을 절대로 다른 사람에게 해서는 안 돼. 너희 엄마한테도 말야."

"누구에게도 말 안 할 거야. 우리 작게 말하자."

뉴얼은 잠시 망설이더니 내 귓가에 대고 작은 소리로 재빨리 속삭였다.

"나는 우리 엄마가 낳은 게 아냐. 아버지도 친아버지가 아냐."

《우리는 바다를 보러 간다》에서 잉쯔와 뉴얼이 비밀스런 얘기를 나누는 장면이다. 사생활의 비밀이란 자기와 관련된 어떤 사실이 자기가 원하지 않을 때 남에게 알려지지 않는 것을 말한다. 말하자면 자기의 비밀은 자기 마음대로 할 수 있어야 한다는 것이다. 그러니까 내가 알리고 싶을 때만 알릴 수 있는 것이다. 따라서 강제로 남의 비밀을 알아내거나 아무도 모르게 속여서 비밀을 캐내는 것은 그 사람의 사생활을 침해하는 것이다.

그런데 자신의 비밀을 남에게 알리기로 한 경우에도, 자기가 원하는 사람에게만 알릴 권리가 있다. 뉴얼은 자기 출생의 비밀을 다른 사람에겐 알려 주기 싫지만 친한 친구인 잉쯔에게만은 가르쳐 주고 싶었던 것이다. 이렇게 사람은 자기의 비밀을 알려 줄 것인지 말 것인지 결정할 수 있는 권리를 가지고 있다.

끝까지 비밀을 지켜야 하는 괴로움

비밀을 간직하는 것은 때로는 고통스러운 일이다. 알프레드 테니슨은 영국의 대표적 시인이다. 〈이노크 아든〉은 테니슨이 쓴 이야기 형식의 시다. 그런데 이 긴 시의 내용이 너무 애절하여 많은 사람들의 눈시울을 적신다. 혼자 비밀을 품고 사는 사람의 아픔이 어떤 것인지를 엿볼 수 있다.

이노크와 필립은 어려서부터 애니와 함께 소꿉놀이를 하며 서로 친하게 지낸다. 어른이 되자 매사에 적극적인 이노크가 애니와 결혼하여 아이를 낳고 살았다. 가난한 이노크는 돈을 벌기 위해 선원이 되어 배를 타고 나갔다. 그런데 배가 난파해서 10년이 지나도록 이노크는 죽었는지 살았는지 소식이 없었다. 애니는 이노크가 사고로 죽었다고 생각하고 그 동안 극진하게 보살펴 주던 필립과 재혼하고 말았다.

어느 날 구사일생으로 이노크가 돌아왔다. 이노크는 애니가 필립과 결혼하여 아이들과 행복하게 살아가는 모습을 보았다. 그리고 이노크는 살아 있다는 사실을 혼자만의 비밀로 간직해야 하는 자신의 운명을 슬퍼한다.

들판으로 뛰어나가 이노크는 무릎을 꿇고 기도하려 했으나 기운이 다 빠져 그만 그 자리에 주저 앉고 말았다. 마음속으로는 한없이 울부짖으며 이렇게 기도를 올렸다.

"오오 전능하신 신이여, 은혜 갚으신 구세주여.

당신은 제가 무인도에 홀로 있을 때

저의 흔들리는 마음을 견고히 붙잡아 주셨습니다.

이제 잠시 동안만이라도 신이여, 외로워, 진정 외로움에 견딜 수 없는 저에게 힘을 주시옵소서.

저를 도와 주시고 저의 마음을 격려해 주시어

저의 아내에게 제가 여기 있다는 말을 입 밖에 내지 않는 그런 마음을 죽는 날까지 지닐 수 있도록 하여 주시옵소서."

이노크가 살아 돌아왔다는 사실은 비밀이다. 그러나 이노크의 비밀은 단순한 비밀이 아니다. 우선 이노크가 살아서 고향에 돌아온 사실은 아직 아무에게도 알리지 않았기 때문에 이노크 자신에게는 비밀이 될 수 있다. 하지만 애니와 필립은 그 사실을 전혀 알지 못하기 때문에 비밀이라고 할 수 없다. 두 사람은 이노크가 죽었다고 믿고 있었기에 이노크가 살아 있다는 사실을 거짓이라고 생각할 수밖에 없다. 아니면 애니와 필립이 진실을 모른 채, 이노크가 죽었다고 믿고 있는 것이 거짓일 수 있다.

결국 이노크는 끝까지 자신의 비밀을 지켰다. 다만 죽기 직전 주막의 미리엄 할머니를 불러 자기가 이노크란 사실을 알렸다. 그동안 배를 타면서 고생했던 일, 어느 날 배가 부서져 무인도에서 견뎠던 긴 세월, 구사일생으로 돌아와 창 밖에 비친 행복한 애니의 얼굴을 봤던 이야기를 전했다. 그리고 마지막으로 할머니에게 자기가 죽고 난 뒤 애니에게 처음처럼 사랑하는 마음을 간직한 채 자신이 떠났음을 전해 달라고 부탁했다. 그 말을 남기고 사흘 뒤, 이노크는 우르릉거리는 파도의 울음소리와 함께 숨을 거두었다.

아마 할머니는 애니에게 이노크의 말을 전했을 것이다. 이 말을 들은 애니는 어떤 기분이었을까? 이노크의 비밀을 알게 된 애니의 심정은 생각만 해도 가슴이 아프다.

이렇듯 비밀이란 혼자가 아니라 다른 사람들과 얽히면 아주 복잡한 일이 된다. 나에게는 비밀이 되지만, 그것이 다른 사람에게는 진실을 가리는 거짓이 될 수 있다. 그리고 비밀이든 진실이든 또는 거짓이든, 그것이 작은 즐거움이 되는가 하면 반대로 큰 고통이 될 수도 있다. 인간의 삶에서 비밀이나 진실이 정말 존재하는지 모르겠지만, 어떤 것이 비밀이고 무엇이 진실이며 허위인지 가리는 것도 그리 쉬운 일은 아니다.

사생활의 비밀을 지켜라!

사생활에 관한 권리는 비밀 외에도 여러 가지가 있다.

예를 들어 친구들과 길을 걸어가는데 텔레비전 방송국에서 카메라로 마구 촬영을 한다고 하자. 그때 한 친구는 자기 얼굴이 텔레비전에 나오게 됐다면서 아주 좋아했다. 그러나 다른 친구는 자기 얼굴이 방송되는 것을 원하지 않았다. 그럴 때 방송국은 원하지 않는 사람의 얼굴을 텔레비전 화면에 나가게 해서는 안 된다. 만약 원하지 않는 사람의 얼굴을 방송한다면 그건 그 사람의 사생활을 침해하는 것이다.

개인의 생활이 보호되어야 안정된 사회를 기대할 수 있다. 개인이 불안하면 사회도 불안해지기 때문이다. 그것이 개인 사생활의 자유와 비밀을 지켜야 하는 이유다.

여기서 한 가지 유념해야 할 일이 있다. 사생활의 비밀과 자유가 돈과 권력을 가진 사람만이 누리는 것이 되어서는 안 된다. 원래 사생활의 비밀과 자유는 재산과 권력을 가진 사람들이 필요해서 생겨난 권리다. 물론 드러내 놓고 이렇게 말할 수는 없지만, 그런 점이 있었던 것은 사실이다.

실제로도 가난하거나, 나이가 어리거나, 사회에서 소외된 사람들은 사생활의 비밀이나 자유를 누리지 못할 때가 많다. 돈이 없는 사람은 자신만의 생활을 위한 집 한 채나 방 한 칸을 제대로 마련할 수 없기 때문이다. 사생활의 비밀과 자유가 진정한 하나의 권리로 인정받으려면 모든 사람들이 함께 누릴 수 있는 권리가 되어야 한다.

'나의 살던 고향은 꽃 피는 산골'로 시작하는 동요 '고향의 봄'을 쓴 이원수의 동화 〈별 아기의 여행〉 한 장면을 읽으면서, 사생활에 관한 얘기를 조금만 더 해보자.

별나라에서 온 아기 스스는 해질 무렵 어느 조그마한 도시로 날아갔습니다. 어두워지자 동네에는 전등불이 꽃밭같이 아름다웠습니다.

스스가 내려앉은 곳은 어느 집 유리창 밖이었습니다.

유리창으로 방 안이 훤히 들여다 보였습니다. 한 소년이 책을 읽고 있고, 그 옆에는 누나인 듯한 소녀가 어린 아기를 재우고 있었습니다.

책을 읽던 소년이 누나에게 말했습니다.

"누나, 별은 참 춥겠지?"

"왜?"

누나가 되물었습니다.

"이런 추운 밤에 하늘에 떠 있으니까 말야."

방 안의 소년은 스스에게는 눈도 팔지 않고 누나에게 말했습니다.

"누나, 별도 지구처럼 크고 둥근 것이라고 책에 쓰여 있지만, 내가 보기에는 조그마한 아기 같아. 별도 마음이 있을 거야. 땅덩이라 해도 저렇게 추운 데서 깜박깜박 눈을 깜짝이고 있는데 가엽지 않아?"

소년은 밤하늘에 떠 있는 별들은 집이 없어 추위에 떨고 있을 것이라고 생각했다. 소년은 저 멀리 있는 까만 밤하늘이 별의 보금자리란 걸 몰랐기 때문이다. 하지만 소년은 별을 사람처럼 여겼기 때문에 그런 생각을 떠올렸을 뿐이다.

개인의 사생활을 보호하려면 우선 누구나 주거를 마음대로 정할 수 있어야 한다. 복잡한 도시의 아파트이건, 아니면 자연을 즐길 수 있는 시골의 오막살이이건, 자기가 원하는 장소에 좋아하는 모양의 집을 가질 권리가 있다. 물론 어떤 곳에 어떤 집을 정하는 자유는 재산의 많고 적음에 따라 누릴 수 있는 정도가 달라질 수밖에 없겠지만 말이다. 마음이 바뀌면 언제든지 자기 능력에 따라 이사를 하는 것도 물론 자유다.

주거의 자유는 자신이 머무는 집에서 평온하게 지낼 수 있는 권리를 말한다. 다른 사람이 함부로 집에 침입한다면 사생활의 평화는 깨뜨려지고 말 것이다.

"귀뚜르르, 뚜르르, 뚜르르!"

"누가 날 부르는 거지?"

깜짝 놀란 피노키오가 말했다.

"나야!"

피노키오가 몸을 돌리자 커다란 귀뚜라미가 벽을 따라 천천히 올라오는 것이 보였다.

"말해 봐, 귀뚜라미야. 넌 누구니?"

"난 말하는 귀뚜라미야. 내가 이 방에 살기 시작한 건 백 년도 훨씬 더 돼."

"하지만 이 방은 이제 내 거야. 그러니까 네가 정말로 날 생각해 준다면 뒤도 돌아보지 말고 빨리 여기서 사라져 줘."

허락 없이 남의 주거에 들어온 사람에게는 피노키오처럼 당당하게 나가달라고 요구할 수 있다. 이것이 주거의 권리다. 귀뚜라미가 아니라 경찰이라도 개인의 주거를 함부로 드나들 수 없다. 범인을 잡기 위한 특별한 목적이 있더라도, 반드시 법관이 허락한 영장이 있어야만 남의 집 안으로 들어갈 수 있다.

다른 사람의 집 안을 함부로 엿보는 것도 주거의 자유를 방해하는 것이 된다. 몰래 기웃거린다든지, 멀리서 망원경으로 살핀다든지, 비밀 카메라를 설치하여 집 안의 모습을 촬영하는 것도 모두 사생활을 침해하는 행위다.

그리고 주거의 권리란 반드시 자기 집에서만 누릴 수 있는 것이 아니다. 다른 사람으로부터 빌린 집이나 여행을 하다가 잠깐 머무는 여관방에서도 주거의 권리는 보호받는다.

불에 탄 해리 포터의 입학통지서

아름다운 수레국화 꽃잎처럼 푸르고 깊은 바닷속 궁전에 사는 여섯 공주 중 막내 인어 공주는 발 대신 물고기의 꼬리를 가지고 있었다.

열다섯 살이 되면 바다로 나가 달빛 비치는 바위 위에 앉아 지나가는 배와 숲과 도시를 볼 수 있었다. 첫째 공주가 열다섯 살이 되어 바다 위를 다녀온 뒤로, 해마다 언니들이 차례대로 바깥 세상의 얘기를 들려 주었다.

오랜 기다림 끝에 인어 공주도 열다섯 살이 되었다. 할머니는 진주를 박아 만든 화환을 머리에 씌워 주었다. 바다 위에 오른 인어 공주는 노래가 흘러 나오는 배 가까이 헤엄쳐 갔다. 그리고 아름다운 왕자를 보았다.

그런데 그만 거센 풍랑이 일어 배가 침몰했다. 인어 공주는 왕자를 구하고 이마에 입을 맞추었다. 그렇지만 깨어난 왕자는 자신을 누가 구해 주었는지 몰랐다. 인어 공주는 깊은 슬픔에 빠졌다. 다음날부터 인어 공주는 매일 왕자의 궁전을 찾았다. 왕자를 사랑하기 시작한 인어 공주는 사람이 되고 싶었다.

마녀는 인어 공주의 소원을 듣고는 약을 주겠다고 했다. 그 약을 마시면 사람의 다리는 얻을 수 있지만, 만약 왕자의 사랑을 받지 못하면 모든 것이 물거품이 된다고 했다. 그러나 그 약은 인어 공주의 목소리로 만들어야 했다. 인어 공주는 자신의 목소리를 포기하고 약을 받았다.

사람이 된 인어 공주는 왕자의 손을 잡고 궁전으로 갔다. 그러나 가장 아름다운 인어 공주는 말을 할 수 없었다.

'아, 왕자님의 곁에 있기 위해 내 아름다운 목소리를 버렸다는 사실을 알아 주기만 한다면!'

그러나 왕자는 이웃 나라의 공주와 결혼하고 말았다. 왕자의 사랑을 얻지 못한 인어 공주는 물거품이 되어 사라졌다.

덴마크 코펜하겐의 바위 위에 인어 공주상이 놓여 있다. 안데르센이

코펜하겐에서 〈인어 공주〉를 썼기 때문이다. 인어 공주가 사람의 다리를 얻었으나 왕자의 사랑을 얻는 데 실패한 이유는 말을 할 수 없었기 때문이다.

인간 세상에서는 사람과 사람 사이의 의사 소통이 그토록 중요하다. 자기가 원하는 내용을 자기가 원하는 사람에게 전할 수 없으면 제대로 생활할 수 없다. 보통 의사나 정보의 전달을 가장 손쉽게 할 수 있는 수단은 말이다. 그러나 말에는 한계가 있다. 우선 상대방이 말소리를 들을 수 있는 거리에 있어야 내 뜻을 전할 수 있다. 그렇지 않으면 물거품이 되어 버린 인어 공주처럼 안타까운 상황에 처하고 만다.

내가 어떤 사실을 전해야 할 사람이 가까이 있지 않고 아주 멀리 있는 경우는 흔하다. 그때는 말 대신에 편지, 전보, 소포, 전화, 문자 메시지, 인터넷 같은 다른 방법을 찾아야 한다. 이렇게 사람과 사람 사이에 필요한 의사를 전달하고 정보를 나누는 것을 통신이라고 한다.

만약 어떤 사람이 자신의 의사를 비밀로 하지 않고 많은 사람들에게 알리고 싶다면 신문이나 방송을 이용하거나, 아니면 담벼락에 벽보라도 써 붙이든지 해야 한다. 그렇지 않고 자기가 정한 사람에게만 뭔가를 알리고 싶을 때는 편지나 전화와 같은 통신 수단을 이용한다.

사람은 혼자 있고 싶을 때도 있지만 때로는 자기 생각을 다른 사람에게 전하면서 더 충실한 행복을 느낄 수도 있다. 그래서 자기가 원하는 사람을 골라 편지를 쓰거나 전화로 얘기를 나눈다. 요즘은 이동 전화나 인터넷 같은 통신 방법이 많이 쓰여서 잘 이용하지 않지만, 가장 대표적인 통신 수단은 편지다. 편지는 멀리 있는 사람에게 궁금증을 풀어 줄 뿐만 아니라 기쁨을 배달해 준다.

《톰 아저씨의 오두막》에서 팔려간 톰 아저씨가 고향 켄터키 옛 집으로부터 편지를 받고 기뻐하는 모습이 떠오른다. 《작은 아씨들》의 네 자매는 먼 곳에 있는 아버지의 편지를 함께 읽으며 행복해했다. 《키다리 아저씨》의 주디는 자기를 도와 주는 키다리 아저씨를 한 번도 본 적이 없지만 편지로 서로의 안부를 주고받으며 소중한 기쁨을 느낀다.

반대로 통신이 제대로 되지 않아 어려움을 당한 경우도 많다. 〈이노크 아든〉에서 무인도에 표류한 이노크가 사랑하는 아내 애니와 연락할 수 있는 수단만 있었더라도 혼자 쓸쓸히 죽어 가는 일은 없었을 것이다. 《엄마 찾아 삼만 리》의 주인공 마르코도 엄마와 제대로 연락만 할 수 있었다면 엄마를 만나기 위해서 그렇게 엄청난 고생을 하지 않아도 됐을 것이다.

《해리 포터》의 주인공 해리도 여차했으면 마법의 학교에 입학하지 못할 뻔했다. 호그와트 마법 학교에서 해리 포터에게 입학 통지서를 보냈지만, 버논 이모부가 가로채서 불에 태워 버렸기 때문이다. 이처럼 다른 사람의 우편물을 아예 전해지지 않게 방해하는 것도 통신의 자유를 해치는 행위다.

이제 마지막으로 미국 작가 윌리엄 사로얀의 《인간 희극》을 읽고 끝내자. 사로얀은 두 살 때 아버지를 잃고 잠시 고아원에서 지내기도 했다. 가난 때문에 신문팔이, 전보 배달, 농장일 등을 하며 고생했다. 열다섯 살 때 어머니가 보여 준 아버지의 글을 읽고 자신도 작가가 될 꿈을 키웠다. 《인간 희극》은 제2차 세계대전 중에 겪는 열네 살짜리 꼬마 호머의 가족 이야기다. 가난하지만 희망을 잃지 않고 살아가는 시골의 소박한 사람들 모습을 그리고 있는 이 작품은 동화는 아니지만 누구나 읽고 감동받을 수 있을 것이다.

호머가 사무실로 돌아와 보니 그로건 할아버지는 전문이 계속 오는데도 그냥 잠들어 있었다. 호머는 또 그로건 할아버지를 흔들어 깨웠다.

"할아버지, 전문이 계속해서 오고 있어요! 지금 커피를 새로 끓이고 있대요. 금방 가서 한 잔 가져올게요. 할아버지, 송신을 중단시키세요! 할아버진 지금 전문을 받을 수 없다고요."

호머는 돌아서서 사무실 밖으로 달려나갔다.

약간 정신이 든 그로건 할아버지는 자신이 받아 치다 만 전문을 다시 읽어 보았다.

〈케이트 마콜리 부인

캘리포니아 주 이타카 시 산타클라라 가 2226번지

국방부에서는 유감스럽게도 귀하의 아들 마커스의……〉

편지는 기쁜 소식만 전하는 것이 아니다. 무엇으로도 위로할 수 없는 슬픔도 배달한다. 우편 배달부는 자기가 메고 가는 가방 속에 가끔 얼마나 큰 한숨이 들었는지 알지 못한다. 인간은 어쩌면 수없이 계속되는 고통과 불행 속에서 그저 슬쩍 스치고 지나는 행복을 즐기며 살아가는지 모른다. 갑작스런 슬픔은 착한 사람들에게 큰 배신처럼 보일지 모르지만, 어쨌건 세상은 그렇게 흘러가게 마련이다.

슬픔과 기쁨 또는 행복과 불행이 마구 섞여 가는 것이 인간의 삶이다. 그래서 죽음은 결코 불행이 아니다. 가장 큰 불행은 오히려 환희와 고통의 삶 속에 이루어지는 개인의 통신의 비밀과 자유를 권력이 침범하는 일이다.

세상에서 가장 귀한 것 두 가지

사회권

아일랜드의 더블린에서 태어난 오스카 와일드는 주로 영국에서 활동하다 프랑스 파리에서 숨을 거두었다. 오스카 와일드는 예술적 재능이 많았으나 기상천외한 행동으로 사람들의 비난을 받기도 했다. 그는 희곡을 썼지만, 비비언과 세실 두 아이를 위해 아홉 편의 동화를 썼다. 그중 〈행복한 왕자〉는 우리에게 많은 생각할 거리를 주는 유명하고 아름다운 이야기다.

행복한 왕자의 동상에서 눈물이 황금빛 뺨을 타고 흘러내리는 것이었다. 달빛에 비친 그 얼굴이 너무 아름다워서 작은 제비는 그만 가엾은 생각이 들었다.

"누구세요?"

제비가 물었다.

"행복한 왕자란다."

"그럼 왜 울고 계세요? 덕분에 흠뻑 젖었잖아요."

그러자 동상이 대답했다.

"내가 살아 있었을 때, 그리고 인간의 심장을 가지고 있었을 때, 난 눈물이 무엇인지도 몰랐어. 상수시 궁전에서 살았는데 그곳은 슬픔이 들어올 수 없는 곳이었거든. 낮에는 친구들과 정원에서 놀았고, 저녁에는 대연회장에서 무도회를 이끌었어. 정원 둘레는 아주 높은 담장으로 막혀 있었는데, 난 그 바깥에 무엇이 있는지 물어볼 생각조차 안 했단다. 주위의 모든 것이 너무나 아름다웠으니까. 신하들은 나를 행복한 왕자라고 불렀고, 사실 난 행복했어. 그냥 즐기기만 하는 것도 행복이라면 말이야. 난 그렇게 살다가 죽었어. 그리고 죽은 후에 사람들이 나를 이 높은 곳에 세워 놓았단다. 덕분에 이 도시의 온갖 추하고 비참한 일들을 모두 볼 수 있게 됐고, 그래서 지금 난 납으로 만든 심장을 갖고 있는데도 눈물을 흘릴 수밖에 없단다."

왕자는 살아 있을 때 세상에서 부러울 것이라곤 하나 없는 행복한

생활을 했다. 우리가 말하는 인간의 모든 권리를 누리는 데 조금도 부족함이 없었을 것이다. 그런 행복한 왕자는 죽어서도 보석으로 치장된 금빛 찬란한 동상으로 도시의 가장 높은 곳에 세워졌다.

그런데 동상이 된 왕자가 그곳에서 내려다 본 도시의 모습은 왕궁과는 달랐다. 거리의 구석구석에서 살고 있는 가난한 사람들의 모습은 궁전 안에서 불행의 그림자조차 느낄 수 없었던 왕자에게는 놀라움이었다. 굶고 있는 아들을 데리고 삯바느질하는 여자, 다락방에서 추위와 배고픔에 떨며 글을 쓰는 청년 극작가, 팔려고 가져온 성냥을 모두 흙탕물에 떨어뜨려 버린 어린 소녀의 모습……. 행복한 왕자는 이들을 보고 처음으로 눈물을 흘렸다. 살아 있을 때 가장 많이 가진 사람이었던 행복한 왕자는 동상이 되어서야 못 가진 사람들의 고통에 눈을 뜬 것이다.

행복을 찾아 여행을 떠난《파랑새》의 틸틸과 미틸 남매의 처지도 행복한 왕자가 본 모습과 그리 다르지 않은 것 같다.

미틸 : 그런데 오늘이 크리스마스야?

틸틸 : 아냐, 내일이야. 그렇지만 이번 크리스마스 이브엔 산타클로스 할아버지가 우리에게 아무것도 갖다 주질 못 하실 거야.

미틸 : 왜?

틸틸 : 어머니가 산타클로스 할아버지께 부탁하러 갈 겨를이 없으셨

대. 하지만 내년에는 오시겠지.

미틸 : 내년이란 건 아직도 멀었어?

틸틸 : 그렇게 멀지도 않아. 하지만 오늘밤에도 부잣집 아이들한텐 산타클로스 할아버지가 찾아가실 거야.

미틸 : 부잣집 엄마들은 부탁하러 갈 겨를이 있었나 보지?

즐거워야 할 크리스마스를 앞두고 착한 남매가 쓸쓸해진 이유는 무엇일까? 오직 가난하기 때문이다. 크리스마스 선물을 받지 못하는 건 산타클로스가 매정하기 때문이 아니라, 부모가 선물을 사줄 돈이 없기 때문이다.

가난하다는 것은 재산이나 돈이 적은 상태를 말한다. 그러나 따지고 보면 반드시 재산이나 돈이 적기 때문에 가난한 것은 아니다. 사람은 혼자 사는 게 아니라 수많은 사람들과 어울려 산다. 그런 사회에서 모든 사람이 재산이나 돈을 적게 가지고 있다면 모두 가난한 것일까? 그렇지 않다. 그때는 가난한 사람과 부유한 사람을 구별할 수 없기 때문에 가난을 느낄 수가 없다. 틸틸이나 미틸이 크리스마스 선물을 받지 못해 슬픈 것은 크리스마스 선물을 받는 사람들이 있기 때문이다.

그럼 북한이나 아프가니스탄처럼 그 나라의 모든 사람이 가난하면 그들은 가난을 느끼지 못할까? 그렇지는 않다. 그들이 가난한 것은 그들보다 부자인 나라가 이웃에 있기 때문이다.

결국 가난하다는 것은 부유한 사람들이 있기 때문에 생기는 것이다. 따라서 우리가 관심을 기울여야 할 것은 왜 같은 사회 속에서 가난한 사람과 부자의 구별이 생길 수밖에 없느냐는 문제다.

브라질의 주제 마우루 지 바스콘셀로스의《나의 라임 오렌지 나무》에 나오는 꼬마 주인공 제제를 생각해 보자. 라임 오렌지 나무와 친구가 되어 얘기를 나누는 제제의 집도 찢어지게 가난하다. 제제가 가난한 것이 아니라 제제의 아버지가 가난한 것이다. 그래서 제제는 가진 것도 없고, 돈도 못 버는 아버지를 한편으로는 좋아하면서도 한편으로는 싫어하기도 한다. 그런 제제가 어느 날 남의 집 정원에 들어가 꽃을 꺾었다가 선생님께 불려갔다.

"꽃에 관한 얘기죠? 그렇죠, 선생님?"

"왜 그런 짓을 했니?"

"아침에 일찍 일어나서 세르지뉴 집 정원으로 갔어요. 대문이 열려 있어서 재빨리 들어가 꽃을 하나 꺾었어요. 하지만 그곳엔 꽃이 엄청 많아서 표시도 나지 않아요."

"그래도 그렇지. 그건 옳은 일이 아냐. 더 이상 그런 짓을 하면 안 된다. 큰 도둑질이 아니라도 아무튼 도둑질은 도둑질이야."

"아니에요, 선생님, 안 그래요. 이 세상은 하느님 것이죠? 이 세상 모든 것이 하느님 거잖아요. 그러니까 꽃들도 하느님 거예요."

내가 조리 있게 대꾸하자 선생님은 깜짝 놀랐다.

"선생님, 그렇게 할 수밖에 없었어요. 우리 집에는 정원이 없어요. 꽃을 사려면 돈이 들고요……. 그리고 전 선생님 병만 늘 비어 있는 것이 마음 아팠어요."

선생님은 마른침을 삼켰다.

"가끔 선생님께선 생크림 빵을 사라고 저한테 돈을 주셨잖아요. 그렇지요?"

"매일 돈을 주고 싶어도 네가 종종 사라져 버렸어."

"전 매일 받을 수 없었어요."

"왜?"

"간식을 가져오지 못하는 다른 애들이 있으니까요."

선생님은 핸드백에서 손수건을 꺼내 나 몰래 슬쩍 눈물을 닦았다.

빼앗을 수 없는 아이스크림

먼저 소유권에 대해서 생각해 보자. 이것은 어떤 물건이나 이익에 대한 권리를 자기 마음대로 처분할 수 있으며, 거기에 대해 다른 사람이 간섭할 수 없는 권리를 뜻한다. 이런 소유권을 개인에게 줄 때 그것을 사유 재산권이라고 한다. 사유 재산권을 인정하는 것을 사유 재산 제도라고 한다.

물건이든 땅이든 돈이든, 재산의 소유권이 개인에게 없다면 또 누구에게 있을까? 소유권은 개인이 가질 수도 있지만 국가나 단체가 가질 수도 있다. 그러면 소유권이 국가에 있을 때는 어떻게 될까? 이런 경우에 소유권이 개인에게 있을 때와는 어떤 차이가 있을까?

이런 경우를 생각해 보자. 동네 놀이터에 그네가 두 개 있다. 놀이터는 그 도시에서 만든 것이므로 그네의 소유권은 시에 있다. 이 그네를 두 아이가 와서 하나씩 차지하고 논다. 한 아이는 맛있게 점심을 먹은 뒤 후식으로 아이스크림을 먹으면서 느긋하게 그네를 즐긴다. 그런데 다른 아이는 점심을 먹지 못한 채 배고픔을 잊으려고 놀이터에 왔다. 그 아이가 손에 쥔 것이라곤 그네줄밖에 없어 힘차게 발판을 구를 뿐이다.

그네는 도시의 소유이기 때문에 두 아이 모두 공평하게 쓸 수 있다. 하지만 아이스크림은 돈을 주고 산 그 아이의 소유다. 따라서 소유권이 있는 그 아이만 아이스크림을 먹을 수 있다. 권리란 다른 사람의 간섭이나 침범을 허용하지 않으므로, 옆에 있는 아이는 배가 고파도 그 아이스크림을 빼앗아 먹을 수 없다. 이처럼 개인에게 소유권이 있을 때는 가진 사람과 가지지 못한 사람의 차이가 생길 수밖에 없어 서로 불공평해진다.

지금까지 말한 모든 인간의 권리라는 것은 사실 서양에서 시작된 것이다. 생명이나 신체의 자유, 행복을 추구할 권리 등이 모두 태어나면서부터 하늘로부터 받았다는 생각은 서양 사람들이 먼저 했다. 그런데 한 가지 알아 두어야 할 것은 서양 사람들이 그런 고상하고 거창한 주장을 하게 된 동기가 오직 모든 인류를 생각하는 마음에서 우러난 것은 아니라는 것이다. 실은 자기의 재산을 확보하려는 욕심 때문이었다.

이들은 인간의 권리는 하늘로부터 받은 것이므로 아무도 침범할 수 없다고 목소리를 높였다. 그런데 그런 권리 속에 사유 재산권도 함께 포함시킨 것이다. 결국 서양에서 말한 인간의 권리란 무언가 지켜야 할 재산이 있는 사람들이 주장한 것이다. 가진 것이 없는 사람은 거기에 끼지도 못했던 것이 사실이다.

사유 재산권을 인정하게 되면 어떻게 될까? 모든 생활에서 경쟁이 벌어진다. 왜냐하면 조금이라도 더 많은 재산을 갖고 싶어하는 것이 사람의 본능이기 때문이다. 그러다 보면 반드시 부유한 사람과 가난한 사람의 구별이 생길 수밖에 없다. 경쟁에서 이긴 사람이 많은 재산을 가질 것이 뻔하기 때문이다. 그러면 가난한 사람은 재산 대신 불만을 갖게 된다.

문제는 그다음이다. 부자와 빈자의 구별이 한번 생기고 나면 가난한 사람이 다시 경쟁에서 이기는 것은 쉽지 않다. 경쟁이 치열한 곳에서는 재산이 많은 사람이 그다음에도 이길 가능성이 높기 때문이다. 좋은 참고서를 많이 사서 비싼 학원에 다니는 아이와 집에서 혼자 교과서만 보는 아이 중에 누가 더 공부를 잘하게 될까 생각해 보면 알 수 있다.

그런 상황이 계속되면 어떻게 될까? 이젠 쉽게 짐작할 수 있을 것이다. 부자는 점점 더 부자가 되고, 가난한 사람은 점점 가난에서 헤어나지 못하게 된다. 이렇게 되면 당연히 가난한 사람의 불만도 그만큼 더 커진다.

나치에 저항했던 독일의 작가 에리히 캐스트너의《하늘을 나는 교실》을 읽어본 사람은 알 것이다. 여러 지방에서 온 아이들이 모인 교실의 풍경이 우리 사회를 작게 줄여 놓은 듯한 느낌을 준다. 거기 나오는 마르틴의 불만도 역시 가난 때문이다.

"하지만 나는 이렇게 건강하다고! 다리가 부러진 것도 아닌데 집으로 돌아갈 수가 없다니. 나는 우리 부모님을 사랑하고, 부모님도 나를 사랑하고 있는데도 우리는 크리스마스 이브를 함께 지낼 수가 없어. 도대체 무엇 때문에? 돈 때문이지. 왜 우리는 돈이 없을까? 우리 아버지가 다른 남자들보다 능력이 없어서? 아냐. 내가 다른 애들만큼 부지런하지 않아서? 아냐. 우리가 나쁜 사람이라서? 그것도 아냐. 그렇다면 무엇 때문일까? 많은 사람들을 고통에 빠뜨리는 불공정함 때문이지. 그래서 많은 사람들이 고통을 당하고 있는 거야. 공정하지 못한 걸 바로잡아 보려는 친절한 사람들도 있긴 해. 하지만 모레가 크리스마스 이브야. 그때까지 그 친절한 사람들이 성공하진 못할 거야."

마르틴은 크리스마스 휴가 때 집에 갈 수 없어 학교 기숙사에 처박혀 있는 것에 화가 났다. 마르틴의 부모가 가난해서 집에 다녀갈 차비를 보내 줄 수 없기 때문이다. 그래서 마르틴은 울분을 터뜨리는 것이다. 만약 마르틴이 몸이 많이 아픈데 돈이 없어서 병원에 가지 못한다면 어땠을까? 부자와 가난한 사람으로 나뉘어진 세상을 무척이나 원망하겠지. 이런 불만을 가진 사람이 많아진다면 당연히 사회 전체가 불안해진다.

그렇다면 이런 생각이 들지도 모르겠다. 재산의 소유권을 국가가 가지도록 하면 해결되지 않겠냐고. 하지만 그것도 생각만큼 쉽지 않다. 모든 재산의 소유권을 국가가 갖고 사람들에게 공평하게 나누어 주면, 빈부의 차이는 걱정하지 않아도 된다. 하지만 그땐 사람들이 열심히 일하려고 하지 않을 수도 있다. 열심히 일하는 사람과 게으른 사람이 비슷하게 재산과 돈을 얻는다면 누가 열심히 일을 할까. 실제로 그런 제도를 시도해 본 나라들이 있었지만 모두 실패하고 말았다.

그렇다면 도대체 어떻게 해야 한단 말일까? 소유권을 개인에게 주어도 문제고 국가에 맡겨도 말썽이라면 말이다. 그래서 대체로 이런 생각을 하게 된다. 재산의 소유권은 국가보다 개인에게 주는 것이 더 바람직하다. 경쟁하면서 서로 열심히 일해 사회 전체가 풍요롭게 된다고 믿기 때문이다. 그러나 그대로 두면 빈부 차이에 따른 갈등이 생기니, 국가가 나서서 이런 차이를 조금이라도 좁히는 게 좋다. 말하자면 국가가 많이 가진 사람으로부터 강제로 돈을 걷어서 조금 가진 사람에게 나누어주는 방법을 사용할 필요가 있다는 것이다.

되풀이해서 이야기하면 이렇다. 사유 재산 제도를 인정해서 개인에게 소유권을 주는 것을 원칙으로 하지만, 예외적으로 소유권을 국가가 갖는 것처럼 할 필요도 있다는 것이다. 한 사람이 쓸데없이 많은 땅을 소유하지 못하게 한다거나, 돈을 많이 번 사람에게 많은 세금을 내도록 하는 법률을 만드는 것이 그런 방법 중 하나다.

예를 들면 이렇게 한다. 갑, 을, 병 세 사람이 각자 부모로부터 1억 원, 10억 원, 100억 원을 상속받았다고 하자. 이때 상속에 대한 세금을 똑같이 30퍼센트로 한다면, 갑은 3000만 원, 을은 3억 원, 병은 30억 원을 나라에 내야 한다. 그러나 이렇게 하면 돈이 많은 사람과 적은 사람의 차이는 더욱 커진다.

그 차이를 좁히려면 이렇게 할 수 있다. 상속 재산이 1억 원 이하일 때는 상속세를 안 내도 되게 하고, 10억 원보다 적으면 30퍼센트를, 100억 원일 때는 50퍼센트를 세금으로 내야 한다고 정하는 것이다. 그러면 갑은 상속세를 내지 않아도 되고, 을은 3억 원, 병은 50억 원을 세금으로 내야 한다. 그래도 여전히 돈이 많은 순서는 달라지지 않지만 그 차이는 조금 줄어든다. 그리고 국가는 이렇게 돈을 많이 갖게 된 사람들에게서 받은 세금으로 가난한 사람들을 위해서 쓸 수 있을 것이다.

국가, 인간답게 살고자 만든 것

가난은 사는 데 조금 불편한 일일 뿐이라는 이야기도 있지만, 아주 심한 가난은 인간의 기본적인 행복을 앗아갈 만큼 무서운 것이다.

프랑스 파리에서 태어난 오로르 뒤팽이란 소녀는 열여덟 살에 남작과 결혼했다가 9년 만에 이혼했다. 그리고 신문 기자로 일하면서 소설을 썼는데, 그때부터 이름을 조르주 상드라고 했다. 상드가 쓴 소설은 100권이 넘는데, 손자들을 위해 동화도 많이 남겼다. 그의 작품 중에서 〈사랑의 요정〉에는 단란한 가족이 겪어야 하는 가난의 고통이 잘 그려져 있다.

넉넉하지 않은 형편의 바르보 씨 집에 태어난 쌍둥이 형제 란드리와 실비네는 어려서부터 한시도 떨어져 있지 않을 만큼 사이가 좋았다. 하지만 형제는 생각지도 않은 이별을 하게 됐다.

얼마 가지 않아 바르보 씨의 집에 어려움이 닥쳤다. 식구가 점점 더 늘어서 대가족이 된 데다가, 몇 년째 심한 가뭄이 들어 흉년이 계속되었기 때문에 먹을 게 없게 된 것이다. 가족들은 각자 할 수 있는 일을 찾아서 돈벌이를 해야만 했다.

마침 그때, 프리시 마을의 카이요 씨가 소를 돌보는 일을 할 아이가 필요하다는 연락을 해 왔다.

"쌍둥이 중 하나를 보내 주시오. 대우는 섭섭지 않게 해드리리다."

이 이야기를 들은 어머니는 속상해서 울었다.

"아직 열네 살 밖에 안 됐어요. 벌써 일꾼으로 보낸다는 건 너무 불쌍해요."

"그렇지만 이 많은 식구가 먹고살려면, 이 흉년에 어떡하겠소? 후유……."

바르보 씨는 쌍둥이 중의 하나를 보내기로 결심했다. 아버지의 말을 들은 형제는 뜻밖의 일에 무척 당황해했다. 그러나 집안 형편을 잘 알기 때문에 가기 싫다고 고집을 부릴 수는 없었다.

"어딜 가든지 우리 둘이 함께 갈 수 있다면 좋겠는데……."

실비네의 눈에 어느새 이슬이 맺혔다.

태어나면서부터 떨어져 지내려고 하지 않았던 쌍둥이 형제는 가난 앞에서 어쩔 수 없었다. 가난이란 이렇게 가족의 화목과 평화를 깨뜨려 놓을 만큼 고통스러운 것이다. 가난은 부모의 잘못이라고 그대로 내버려둘 수도 없는 노릇이다.

그리고 우리가 모든 인간이 평등하게 가진 권리라고 믿고 있는 것도 따지고 보면 가난해서는 아무것도 제대로 누릴 수 없다. 그렇게 되면 인간의 권리란 체면이 서질 않는다. 따라서 인간의 권리를 권리답게 하고 인간의 삶을 인간답게 하려면 가지지 못한 사람들을 위한 권리도 있어야 한다. 그것을 사회적 약자를 위한 권리라고 말해도 좋겠다.

사회적 약자를 위한 권리는 그냥 사회적 약자에게만 맡겨 둔다고 해서 해결되지 않는다. 다른 권리와는 달리 국가가 나서서 직접 무엇인가를 해야만 한다.

신체의 자유를 보장하려면 국가는 함부로 사람을 체포하지 않으면 된다. 그러나 아무것도 가진 것이라곤 없이 홀로 사는 노인의 생활을 보장하기 위해서는 국가가 나서서 최소한의 생활을 할 수 있도록 도와야 한다. 이렇듯 국가에는 사회적 약자가 인간답게 살아갈 수 있게 만들어 줘야 할 의무가 있다. 그것이 사회적 약자에겐 권리가 되는 것이다.

그다음 날 아침, 골목 구석에 붉은 뺨을 하고 입가에는 미소를 띤 소녀가 앉아 있었다. 지난해의 마지막 날 밤에 얼어죽은 것이다. 새해 해님이 성냥개비와 함께 죽은 아이 위로 떠올랐다. 성냥 가운데 한 다발은 다 타 버렸다.

안데르센이 쓴 〈성냥팔이 소녀〉의 소녀처럼 가난하다는 이유로 길거리에서 죽어 가는 사람이 있는데 국가는 팔짱만 끼고 있어서는 안 된다.

"또또까 형, 에드문두 아저씬 일도 안 하는데 돈을 받잖아. 시청에서 매달 돈을 줘."

"퇴직자는 달라, 제제. 퇴직자는 에드문두 아저씨처럼 이미 일을 많이 해서 머리가 하얗게 세고 느릿느릿 걷는 어른들을 말하는 거야."

《나의 라임 오렌지 나무》의 에드문두 아저씨처럼 나이가 들어 놀고 있는 사람뿐 아니라, 당장 일자리를 구하지 못한 젊은 사람들도 살아갈 수 있도록 국가는 대책을 마련해야 한다. 그들이 직업을 구해 스스로의 힘으로 생활할 수 있을 때까지 국가가 최소한의 먹고 살 돈을 주어야 한다.

그날 아침 나는 학교에 가는 것이 많이 늦은 데다가, 아멜 선생님께서 나에게 질문을 하겠다고 하신 부분에 대해 아는 것이 하나도 없었던지라 야단을 맞을까 몹시 겁이 났다. 차라리 수업을 빼먹고 어디 들판이나 쏘다니다 올까 하는 생각이 들 정도였다.

날씨는 맑고 따뜻했다. 숲 기슭에선 티티새가 지저귀고 제재소 뒤 리베르 벌판에서는 프러시아 병사들의 훈련받는 소리가 들려오고 있었다. 프랑스어 공부보다는 이 모든 것이 훨씬 더 내 마음을 끌었지만,

나는 꾹 참고 학교를 향해 달렸다.

제대로 교육을 받지 못한 사람에게 교육을 받을 기회를 주어야 한다. 교육을 받고 싶은 사람이 교육을 받지 못한다면 국가가 의무를 다 하지 않는 것이다. 알퐁스 도데의 〈마지막 수업〉에서 우리의 어린 프란츠는 왜 학교로 달려가는 것일까? 비록 그날이 나라를 빼앗겨 자기 나랏말인 프랑스어로 가르치는 마지막 날이라 하더라도, 국가는 학교 문을 열어 교육해야 할 의무가 있다.

뱅크스 부인이 말했다.

"외출 시간은 3주에 한 번씩, 목요일 2시부터 5시까지예요."

메리 포핀스가 뱅크스 부인을 똑바로 보며 이렇게 말했다.

"아주머니, 마음씨 좋은 주인들은 이 주일에 한 번씩, 목요일 1시부터 6시까지로 해주는데요. 그게 안 된다면……."

마찬가지로 일하기를 원하는 사람에겐 일자리를 마련해 주어야 한다. 노동자들은 자기가 일한 데 대한 정당한 임금을 받을 권리가 있을 뿐 아니라, 일하면서 적당한 휴식 시간을 가질 권리도 있다. 우산을 타고 날아온 메리 포핀스는 적어도 이 주일에 한 번씩 외출 시간을 달라며 자기의 권리를 주장하고 있다.

그리고 더욱 놀란 것은, 물 한 모금 찾을 수 없었던 이곳에 시원한 시냇물이 졸졸졸 흐르고 있었던 거야. 아무도 살 수 없었던 황무지가 이제는 낙원으로 변해 있었다. 나무가 점점 자라나면서 시냇물도 다시 흐르게 되었고, 산토끼와 멧돼지 같은 짐승들도 다시 찾아들었어.

그것만이 아니다. 가난한 사람이든 부유한 사람이든 모두 인간다운 생활을 하기 위해 좋은 환경에서 건강하게 살 권리가 있다. 그것을 위한 배려도 국가의 의무다. 장 지오노의 《나무를 심은 사람》에서는 노인은 평생 혼자 나무를 심었다. 인간에게 필요한 쾌적한 환경을 만들고 지키는 것도 노인 같은 개인에게 맡겨 둘 것이 아니라 국가가 나서야 한다. 사람이 사는 근처에는 숲도 가꾸어야 하겠지만, 도시에 매연이 가득하지 않게도 해야 한다.

픽스와 파스파르두는 자신들이 얼빠지고 말라비틀어진 이 비참한 인간들이 드나드는 아편굴에 들어왔다는 것을 알아차렸다. 돈벌이를 내세운 영국은 이들에게 아편이라고 하는 치명적인 마약을 연간 2억 6,000만 프랑어치나 팔고 있었던 것이다. 그 돈은 인간이 지닌 가장 치명적인 악에 파고들어 거둬들인 슬픈 돈이다.

중국 정부는 엄중한 법으로 이 악습을 바로잡으려고 무척 애를 썼지만 소용이 없었다.

《80일간의 세계 일주》에 등장하는 아편굴처럼, 많은 사람의 건강을 한꺼번에 해칠 수 있는 마약은 국가가 법을 만들어서라도 막아야 한다. 그리고 가난하여 병을 치료할 수 없는 사람들은 무료로 의사의 도움을 받을 수 있게 해야 한다.

목숨이 붙어 있다고 해서 산다고 말할 수 없는 존재가 바로 인간이다. 인간답게 살 수 있어야 비로소 산다고 말할 수 있는 것이다. 부자이든 가난한 사람이든 인간다운 삶을 가능하게 만들어 주는 것이 국가에게 부여된 의무이다. 왜냐하면 사람들이 인간답게 살기 위해서 국가를 만들었기 때문이다.

세상에서 가장 귀한 것 두 가지

그러나 인간은 험난한 세상을 살아가는 데에 급급해서 무엇이 소중한 것인지 잘 알지 못한다. 〈행복한 왕자〉에서도 동상을 치장한 보석과 금박을 모두 가난한 사람들에게 나누어 준 뒤 왕자의 모습을 알아보는 사람은 아무도 없었다. 왕자의 생각을 함께 실천에 옮기다 결국 추위 속에 자기의 생명까지 던진 제비도 아무도 거들떠보지 않았다. 초라한 동상을 녹여서 자기의 동상을 만들겠다는 힘센 사람들의 욕심만 남았다. 인간들이 사는 세상 위에서 내려다 보는 또 다른 눈만이 그 모든 것을 볼 수 있을 뿐이다. 소중한 것이 무엇인지 확인하기 위해서는, 다시 〈행복한 왕자〉의 마지막 부분을 볼 수밖에 없겠다.

"희한한 일이군! 이 부서진 납 심장이 용광로 속에서도 녹질 않다니. 그냥 버려야겠군."

그리하여 직공들은 그 심장을 쓰레기 더미에 던져 버렸다. 그곳에는 죽은 제비의 시체도 놓여 있었다.

하느님이 한 천사에게 명령하셨다.

"저 도시에서 가장 귀한 것 두 가지를 가져오너라."

천사는 납 심장과 죽은 새를 갖다 바쳤다.

하느님이 말씀하셨다.

"제대로 골라 왔구나. 앞으로 이 작은 새는 내 천국의 정원에서 영원히 노래하게 하고, 행복한 왕자는 내 황금의 도시에서 나를 예배하게 하리라."

아이는 작은 어른이 아니다

아동권

"망가진 인형 때문에 흘리는 눈물과 좀더 자라서 친구를 잃고 흘리는 눈물은 둘 다 차이가 없다. 무엇 때문에 슬퍼하든, 우리 인생에서는 결코 중요한 문제가 아니다. 중요한 것은 얼마나 슬퍼하는가이다. 하느님께 맹세컨대, 아이들이 흘리는 눈물은 결코 어른들이 흘리는 눈물보다 작지도 않거니와, 때로는 어른들이 흘리는 눈물보다 훨씬 무겁다."

에리히 캐스터너의《하늘을 나는 교실》앞머리에 나오는 유명한 구절이다. 이 구절의 의미가 무엇인지 생각해 보기로 하자. 그러기 위해서는 좀더 구체적인 얘기부터 시작해야 하는데, 아무래도《사랑의 학교》가 좋을 것 같다.

그렇습니다. 하지만 난 프레코시도 존경합니다. 존경한다는 말로는 그 마음을 제대로 표현할 수 없을 정도입니다.

대장장이의 아들인, 선량하고 슬픈 눈을 가진 조그마한 프레코시는 언제나 놀란 듯 보이며, 모든 아이들에게 "미안하지만……" 하고 말할 정도로 수줍음을 많이 탑니다. 항상 몸이 아픈 것 같은데도 공부를 열심히 합니다.

프레코시 아버지는 독한 술에 취해서 집에 돌아와 아무 이유도 없이 아들을 때리고 책과 공책들을 아무렇게나 공중에 던져 버립니다. 프레코시는 얼굴에 멍이 들거나, 가끔은 너무 울어 퉁퉁 부은 얼굴에 빨개진 눈을 하고 학교에 오기도 합니다.

하지만 그 애 입으로 자기 아버지에게 맞았다고 말하는 것을 단 한 번도 들어본 적이 없습니다.

"네 아버지가 널 때렸구나!" 하고 친구들이 말하면 곧 소리칩니다.

"아니야! 아니야!"

이탈리아 에드몬도 데 아미치스의 《사랑의 학교》는 어린이들의 학교 생활 이야기다. 주인공 엔리코가 초등학교 4학년 한 해 동안 쓴 일기 형식의 동화다. 프레코시는 엔리코의 같은 반 친구인데, 그의 아버지는 대장장이다.

프레코시가 학교에선 아무 일 없었던 것처럼 조용하지만, 집에서는 술 취한 아버지에게 이유 없이 자주 맞는다. 집안 일에서, 공부에서, 글씨 쓰기에서, 품행 면에서 모두 다른 아이들의 모범이 돼서 학교에서 주는 메달도 받는 착한 아이인데 말이다.

이런 일은 프레코시네 집에서만 일어나는 것이 아니다. 겉으로는 항상 귀여움과 사랑을 독차지하는 것처럼 보이지만, 언제 어른들로부터 매질을 당할지 모르는 존재가 아이들이다.

아이들은 어른들의 부속물일까? 그걸 생각하기 전에, 우선 아이들이 어디까지인지 정해 두기로 하자. 초등학교에 다니는 꼬마들은 보통 어린이라고 한다. 중학생은 비록 어린이라고 부르지는 않지만 그렇다고 다 컸다고 생각하지도 않는다. 어른들이 보기에 중학생도 자기 혼자 무엇이든 결정할 수 있는 나이라고 보지 않기는 매한가지다. 그럼 고등학생은 어떨까? 코 아래 수염도 나고 덩치도 어른 못지않지만, 집과 학교 울타리 밖을 벗어나지 못한다는 점에서는 마찬가지다. 중·고등학교에 다니는 아이들을 보통 청소년이라 구분지어 부르기도 한다.

보통 어른이라는 의미의 성인이 되는 나이는 나라마다 법으로 정하고 있다. 어떤 나라에서는 어른이 되는 나이를 열여덟 살로 하는데, 우리 나라에선 스무 살로 정해 놓았다. 이 나이가 되면 성인으로 대우하고, 그 나이에서 하루라도 모자라면 미성년자라고 하여 아이로 취급

한다.

초등학생이나 중학생, 고등학생 모두 미성년자라는 점에서는 똑같다. 이런 어른이 되지 못한 나이의 어린 사람들을 통틀어 아동이라고 부르기도 한다. 미성년자는 값비싼 물건을 혼자서 마음대로 사고 파는 계약을 할 수 없고, 결혼도 부모의 승낙이 없으면 하지 못한다. 대통령이나 국회의원을 뽑을 때 투표를 할 권리도 없다.

이 세상은 애당초 남자 어른들이 그들을 중심으로 계획하여 만들어온 것이다. 따라서 아동은 항상 뒷전이었다. 아동은 아직 나이가 어릴 뿐 아니라, 미성숙하고 불안한 존재라고 못박아 두었다. 어른은 완전한 인간이고 아동은 아직 불완전한 인간이라는 것이다. 그래서 아동은 여자나 장애인 또는 동물과 같이 이 세상의 주인공이 아닌 것처럼 여겨 왔다. 완전한 인간으로서 모든 권리를 다 누릴 수 있는 것은 남성의 어른들뿐이었으니까.

어쨌든 중요한 것은 이것이다. 어른들은 아동은 미성숙하고 불안한 미완성의 인간이므로 어른이 될 때까지 항상 감시와 교육을 받아야 한다고 생각한다. 보통 감시는 보호라는 좀더 부드러운 말로 표현하기도 하지만, 어디까지나 감시는 감시다. 감시와 교육은 어디서 이루어지는가? 바로 가정과 학교다.

가정과 학교는 연약한 아이들을 나쁜 일에서 보호하는 울타리이기도 하다. 하지만 때로는 아이들을 가두는 창살 없는 감옥이 되기도 한다. 울타리의 보호자가 아니라 감옥을 지키는 어른들은 아동을 마치 자기들 마음대로 할 수 있는 대상쯤으로 여긴다.

뉴얼의 눈물이 병아리 모이에 스며들었다. 병아리들이 모이와 함께 그 눈물을 모두 삼켜 주었다. 그러다가 갑자기 뉴얼이 벌떡 일어났다. 그리고 소매를 걷어올리고 바짓단을 치켜올리면서 조그맣게 말했다.

"이것 봐. 우리 아버지가 때렸어!"

쪼그리고 앉아 있던 나는 손을 뻗어 뉴얼의 다리 위에 죽죽 줄이 진 부어오른 상처를 어루만졌다.

"너희 아버지가 왜 너를 때려?"

"아버지는 나에게 창극을 가르쳤어. 내가 하루아침에 그 유명한 바윈사처럼 노래도 잘 하고, 돈도 그렇게 잘 벌지 못해서 안달이란다. 휴! 잉쯔야, 나 지금 티엔챠오 거리로 창극 하러 가야 되겠다. 사람들이 둥그렇게 둘러서서 내 노래를 듣는단다. 노래를 다 부르고 나서 바구니를 들고 사람들에게 돈을 달라고 해. 그런데 내가 돈을 달라고 하기만 하면 사람들은 모두 뿔뿔이 흩어져 버려. 그러고 돌아오면 아버지는 나를 때려."

린하이윈의 《우리는 바다를 보러 간다》에서 잉쯔가 뉴얼의 얘기를 듣고 있다. 잉쯔는 어린아이를 때리는 뉴얼의 아버지를 이해할 수 없었다. 말만으로도 얼마든지 사람의 눈물을 흐르게 할 수 있는데, 꼭 매를 들어서 눈물을 흘리게 하는 어른들이 있다.

사실 그것은 가정의 오래된 모습이다. 가정이란 울타리는 우선 부모의 힘에 의해 단단히 쳐져 있다. 어떤 때는 부모의 따뜻한 보살핌으로 행복한 가정이 되기도 한다. 하지만 가정의 평화와 행복이 깨지는 것도 전적으로 부모의 어리석은 편견이나 고집 때문이다. 부모가 없는 가정도 마찬가지다. 부모가 없으면 다른 사람이 대신 부모 역할을 할 수밖에 없다. 그때의 간섭과 편견과 고집은 진짜 부모보다 더 심할 가능성이 크다.

해리 포터가 그렇다. 《해리 포터》 시리즈의 주인공 해리는 나쁜 마법사에 의해 부모가 세상을 뜨자 이모와 이모부인 더즐리 부부 가족과 함께 살았다. 그들과 같이 지낸 11년은 끔찍했다. 해리는 계단 밑의 작은 벽장에서 11년을 지내면서 생일 파티라는 걸 해본 적이 없었다. 머리가 길면 페투니아 이모가 부엌에서 쓰는 가위로 이마 흉터를 가리기 위한 앞머리만 조금 남기고 싹뚝 잘라 버렸다.

그러나 다음날 아침 그가 일어났을 때 머리는 페투니아 이모가 가위로 잘라내기 전의 모습으로 돌아와 있었다. 해리는 자신도 어떻게 머리가 그렇게 빨리 자란 건지 모르겠다고 애써 해명하려 했지만, 그는 이 일로 일주일 동안 벽장 속에 갇혀 있어야 했다.

이렇게 가끔 어른들은 아이들에 대해서 자기 기분 내키는 대로 한다. 가끔 그런 행동을 한다는 것은 어른들이 평소에 아이들을 같은 인격체로 생각하기보다는 자기 마음대로 할 수 있는 소유물로 여긴다는 것을 뜻한다. 그래서 심할 때는, 교육은 학교에서나 하는 것이고 집에서는 어른에게 필요한 심부름이나 시키는 것으로 충분하다고 여길 때도 있다.

해리보다 더 불쌍한 우리의 몽실 언니가 생각난다. 권정생의 동화 《몽실 언니》는 많은 사람들을 울렸다.

할머니는 몽실에게 수다스러우리만큼 심부름을 시켰다.

"몽실아, 애기 기저귀 빨아 오너라."

몽실은 기저귀를 빨았다.

"설거지 해라."

"마루를 훔쳐라."

"방을 쓸어라."

이제 여덟 살인 몽실은 시키는 것을 싫다고도 할 수 없었다. 밥 먹는 자리에서도 심부름은 몽실이가 모두 해야 했다.

"몽실아, 물 떠오너라."

물을 한 대접 떠와서는 먹던 밥을 먹으려고 자리에 앉았다.

"무얼 그토록 꼼지락거리냐? 얼른 먹고 밥상 치워야지."

몽실은 얼른 먹으려고 숟갈을 빨리 놀렸다. 그릇 긁는 소리가 조금 시끄러웠다.

"왜 그렇게 야단스럽냐. 계집애가 얌전하지 않고……."

비록 매를 맞는 것은 아니지만, 여전히 밥조차 제대로 먹을 수 없도록 일해야 하는 처지는 어린 몽실에게 참기 어려운 일이었을 것이다. 몽실이에게 너무 하는 것이 아니냐고 엄마가 새 아버지에게 하소연해도, 새 아버지는 "밥 먹여 주고 옷 입혀 주고 따뜻하게 재워 주는데 뭣이 불만이냐"면서 도리어 화를 냈다. 모든 어른이 그런 것은 아니겠지만, 아이들에 대한 어른들의 기본적인 태도는 지금도 크게 달라지지 않은 것 같다.

붕어빵처럼 구워지는 아이들

수백 년 전에는 아이가 태어나도 온전하게 살아남는 일이 적었다. 여러 명을 낳아도 그중 몇 명만 살아서 어른이 됐다. 그런 시절에는 아이가 어느 정도 크기 전까지는 사회에서 한 인간으로 대접받을 수 없었다. 그러다가 의학이 발달하여 어린아이들의 사망률이 낮아지고, 산업이 발달해서 생활 수준이 높아지면서, 아이들은 비로소 조금씩 관심의 대상이 되기 시작했다.

그리고 가정에 이어서 학교가 아이들을 맡게 되었다. 하지만 아이들의 무대가 낮에는 가정에서 학교로 옮겨졌다고 해도 크게 차이는 없다. 가정의 문을 나서는 순간 교문이 기다리고 있기 때문이다. 부모는 아이들이 학교에 가 있는 동안 자신이 아이에 대해 가진 권리를 교사에게 맡겨 둔 것처럼 안심하고 지낸다.

《홍당무》에서도 볼 수 있듯이 어른은 항상 성적에만 관심이 있을 뿐이다.

르픽이 홍당무에게 물었다.

"지난번 시험에서는 몇 등을 했지? 설마 꼴찌는 아니겠지?"

홍당무가 대답했다.

"꼴찌도 한 사람은 꼭 있어야 해요, 아버지."

홍당무의 아버지 르픽 씨처럼 많은 어른들이 학교에서는 우선 공부나 하는 것으로 알고 있다. 학교에서 교사가 교과서로 가르치는 것을 마치 진리인 것처럼 외워야 한다. 수업 외에 다른 활동이나 과외 학습도 모두 학교 수업의 연장이란 점에서만 의미가 있다. 교사는 학생들에게 학교 담장 안에서는 무조건 자기 지시에 따를 것을 강요한다. 또 공부를 못하면 나쁜 아이고 공부를 잘해야 좋은 아이인 것처럼 여긴다.

"이제 삐삐가 얼마나 아는지 좀 알아볼까? 넌 제법 컸으니까 아는 것도 많겠지? 수학 문제부터 물어볼게. 7 더하기 5는 몇이지?"

삐삐는 놀라고 당황하여 선생님을 쳐다보며 말했다.

"글쎄요, 선생님도 모르는 걸 제가 어떻게 알아요?"

아이들은 모두 놀란 눈으로 삐삐를 지켜보았다. 선생님은 수업 시간에 그런 식으로 대답하면 못쓴다고 타일렀다.

삐삐는 이내 잘못을 뉘우쳤다.

"죄송해요. 몰랐어요. 다시는 안 그럴게요."

선생님이 말했다.

"그래, 다음부터는 그러지 마라. 7 더하기 5는 12란다."

선생님이 말했다.

"그것 봐요! 잘 알고 계시면서 왜 물어 보셨어요?"

선생님은 삐삐의 행동을 아무렇지도 않게 받아들이기로 마음먹고 계속 질문을 했다.

"그럼 삐삐야, 8 더하기 4는 몇이니?"

삐삐는 아무렇게나 대답했다.

"한 67쯤?"

정말 삐삐는 말릴 수가 없다. 누구든지 학교에서 삐삐처럼 이야기했다면 크게 혼이 났을 것이다. 하지만 삐삐의 엉뚱한 대답을 들으면 뭔가 통쾌한 느낌이 든다. 삐삐는 친구들과 선생님 앞에서 솔직하고 당당하고 용감하기 때문이다. 우리가 할 수 없는 일을 삐삐가 대신 해주는 것처럼 보이기 때문이다. 삐삐의 대답이 공부 못하는 아이의 동문서답처럼 우스꽝스럽게 여겨지지는 않는다. 삐삐의 대답은 어딘지 모르게, 아무도 생각하지 못하는 기발한 상상력을 가진 사람의 말처럼 느껴진다.

사실 어른들이 그렇게도 중요하다고 강조하는 학교 교육이란 게 뭔지 한번 생각해 보자. 학교에서는 무엇을 가르치며 아이들은 무엇을 배우는 것일까? 물론 글을 읽고 쓰는 법부터 이런저런 크고 작은 지식을 익힌다. 그것도 한편으로는 세상을 살아가는 데 필요한 것이니까.

그러나 이런 것은 두 번째로 중요하다. 첫 번째로 중요한 것은 학교에서 아이들이 스스로 생각하고, 생각하는 것을 표현하고, 각자의 의견을 주고받은 뒤에 자기 스스로 결정하는 능력을 키우는 것이다. 그리고 자유롭고 창의적인 생각을 하도록 훈련하는 것이다.

하지만 학교에서 가르치는 내용이란 너무나 뻔하고 판에 박힌 것이다. 그리고 그런 내용을 모든 아이들이 똑같이 받아들이고 똑같이 생각하기를 강요한다. 왜 같은 틀 속에서 구워진 붕어빵처럼 모두들 같은 것만 배우고 같은 생각만 하기를 원하는 것인지 모르겠다.

그래서 학생들은 이렇게 말한다.

"아이들은요, 선생님들 사고 방식에 천편일률로 맞춰야 돼요. 학교는 똑같은 걸 너무 좋아해요. 애들 외모, 행동, 생각까지도 똑같이 만들고 싶어하는 것 같아요. 선생님 생각에 어긋나면 바로 날라리, 문제아, 반항아로 매도해 버려요."

"니네들, 생강 있니?"

지금은 많이 없어졌다고 하지만, 어른들은 가정에서만이 아니라 학교에서도 폭력을 행사한다. 대만 작가인 중자오정의 《로빙화》에 나오는 시골의 작은 학교에서 벌어지고 있는 일도 우리와 크게 다르지 않은 것 같다.

"니네들, 생강 있니?"

아명이 친구들을 모아놓고 속삭이듯 물었다.

"아니, 없어."

"나도야."

"다 떨어졌어."

모두들 한마디씩 하며 고개를 젓거나 손을 내저었다.

생강을 미리 엉덩이에 발라 두면 나중에 맞을 때 좀 덜 아팠다. 생강의 후끈거리는 기운이 따끔한 매질을 덜 아프게 해주었다. 체벌이 일상화된 학교에서 아이들이 생강이라는 특효약을 발견한 건 오히려 당연했다. 선생님더러 바보라고 했으니 선생님이 얼마나 때릴까 싶어 아명은 눈앞이 아찔할 정도였다.

학교에서 교사가 가하는 체벌은 보통 사랑의 매라고 부른다. 그것을 무엇으로 부르건 간에, 아이들은 어쩔 수 없이 그저 담담하고 재미있게 매를 받아들인다.

여기에는 두 가지 문제가 있는 것 같다. 첫 번째는 교사가 학생을 때리는 행위가 사랑의 매인지, 정당한 벌인지 아니면 폭력인지 누가 구분하고 결정하느냐는 것이다. 물론 어른들은 그런 결정도 교사가 판단하는 것이라고 믿어 의심치 않는다. 약간의 육체적 고통과 그보다 훨씬 큰 정신적 굴욕감을 당하는 학생들의 의견은 귀담아 들으려 하지 않는다. 이런 구분은 교사가 아니라 오히려 매를 맞는 아이들의 생각으로 판단해야 하는 것인데 말이다. 그것이 곤란하다면, 적어도 아이들과 교사가 함께 토론해서 결정해야 한다.

두 번째는 교사들은 아이들 앞에서는 도대체 잘못을 인정하려 들지 않는다는 것이다. 이건 아이들을 대하는 어른들의 오래된 습관이다. 누구든 잘못할 수 있지만 교사는 학생 앞에서 자기의 실수를 인정하지 않는다. 심지어 자신의 잘못이나 실수를 가리기 위해 때리거나 벌을 주는 일도 없지 않다. 중·고등학교에 다니는 학생들이 하는 말을 엿들어 보면 이렇다.

"선생님들이 때릴 때 그게 이유가 안 되는 것 같아도, 그냥 가만히 있어요. 그럴 때 말했다가는 한 대 더 맞으니까요. 맞을 땐 그냥 조용히 맞자, 그렇게 생각하는 거죠."

"선생님들은 무조건 자기가 옳아요. 학생들 앞에서는 절대로 잘못했다는 표시를 안 하죠. 자존심이 상하니까요."

"맞아, 그것도 직업병이라니까요."

아이들이 고통스러워 하는 것은 교사의 체벌 때문만이 아니다. 화가 잔뜩 난 교사가 학생을 향해 내뱉는 욕설 한마디는 그 아이의 가슴에 평생 지워지지 않는 상처가 될 수 있다. 그리고 교사들은 무슨 호기심이 많은지, 아니면 무슨 걱정이 많아서인지, 툭하면 학생들의 가방과 소지품을 검사한다. 개인의 사생활을 침해하는 이런 검열을 당하면 아무리 어린 학생이라도 수치심을 느낄 수밖에 없다.

"우리 알몸을 드러내는 기분이에요. 몰래 뒤지는 건 더 나빠요. 남의 가방을 왜 뒤져요?"

그러니, 학교에서 아이들 사이에 일어나는 폭력이나 따돌림 같은 문제는 누가 해결해 줄 수 있을지 더욱 걱정스럽다. 이런 문제는 부모들의 책임이 더 클지 모르겠다. 꼬박꼬박 학교에 잘 다니면 그만이라고 쉽게 생각하지 않고, 교내에서 벌어지는 정당하지 못한 일을 그냥 넘기지 않는 태도가 더 필요한 것이 아닌가 싶다. 《작은 아씨들》에 나오는 네 자매의 어머니가 보여 주는 단호한 태도처럼 말이다.

에이미는 라임을 책상 속에 숨겼다가 제니의 고자질로 데이비스 선생 앞으로 불려나갔다.

"손을 내놔요."

이것이 그녀의 소리 없는 탄원에 대한 대답이었다. 울거나 애원하지 않았던 에이미는 이를 꽉 물고, 가만히 고개를 쳐들고 조그만 손바닥에 떨어지는 매의 아픔을 머리카락 하나 까딱 않고 꾹 참아 냈다.

그 횟수는 대여섯 번에 불과했고 그리 심하게 때린 것도 아니었지만, 에이미에게 매의 횟수나 아픔의 강도는 관계없는 일이었고, 태어나서 처음 남에게 매를 맞았다는 사실만이 문제였다. 그리고 이런 굴욕감 때문에 그 자리에서 매를 맞고 쓰러질 만큼이나 깊은 타격을 받았다.

"쉬는 시간까지 그대로 꼼짝 말고 교단에 서 있어요."

데이비스 선생은 이왕 내친걸음이라 생각했는지 끝장을 볼 심산인 듯했다. 그것은 정말 잔인한 벌이었다. 방금 받은 수치를 안고 모든 친구들이 보는 앞에 서 있어야 하다니. 순간 에이미는 그 자리에 쓰러져 울고 싶을 만큼 자존심이 상했다.

그 날 오후, 마지막 시간이 끝나기 직전이었다. 조가 나타나 험악한 기세로 어머니의 편지를 데이비스 선생에게 전했다.

저녁에 어머니는 말했다.

"그래, 학교는 당분간 쉬기로 하자. 하지만 베스와 같이 집에서 공부해야 해. 난 본래 체벌이란 것엔 찬성하지 않아. 특히 여자아이에게는. 그러나 규칙을 어겼으니 에이미 잘못도 크다. 선생님의 지도를 어긴 데 대해 벌을 받는 것은 당연하지. 하지만 엄마 같으면 학생의 잘못을 바로잡기 위해 그렇게는 하지 않았을 거야."

아이들의 눈물은 어른들의 눈물보다 무겁다

지금까지 한 이야기가 모두 사실이라면, 정말 아이들에게 이 세상은 끔찍하기만 할 것이다. 물론 모든 부모와 교사가 그런 것은 아니다. 그리고 아이들이 항상 가정이나 학교에서 고통스런 것도 아니다. 하지만 그런 일들은 끊임없이 계속되고 있다. 어른들은 평소에 잘한다고 생각하면서도, 무의식중에 그런 태도를 내보이곤 한다.

꼭 말하고 싶은 것은 이것이다. 아이들에게도 아이들의 권리가 있다. 그리고 어른들에게는 아이들을 함부로 대할 권리가 없다.

물론 어른들도 어느 정도는 알고 있는 사실이다. 그래서 서둘러 아동의 권리를 들고 나섰다. 아동은 하고 싶은 것을 하는 데 방해받지 않을 권리가 있다. 심한 벌을 주거나, 보살피지 않고 내버려 두거나, 따돌림을 당하게 해서는 안 된다. 아동은 자신의 일을 자신이 결정할 수 있어야 한다. 행동은 물론, 머리 모양을 가꾸거나 친구를 사귀는 일도 스스로 정할 수 있어야 한다. 모든 인간이 그렇듯 모든 아동은 평등하다. 부모의 사회적 지위나 직업 또는 부의 정도에 따라 그 아이들이 차별 대우를 받아서는 안 된다. 아동의 복지가 실현되어야 한다. 굶는 아이가 없게 해야 하고, 집이 없거나 학교에 다닐 수 없는 가난한 아이들을 보살펴야 한다.

보통 어른들은 이런 것들을 아동의 권리라고 말한다. 그런 권리는 중요하다. 그런데 가만히 보면 그런 것들은 너무나 당연하다. 굳이 권리라고 거창하게 말하기 전에 이미 실현돼야 할 것들일 뿐이다. 그런 당연한 아이들의 권리가 제대로 되지 않는 것은 누구 탓일까?

이렇게 말하는 것은, 아이들의 권리에 관한 모든 내용이 어른들 수준에서 생각할 수 있는 것에 불과하기 때문이다. 아이들을 보는 기본적인 생각에는 크게 달라진 것이 없다. 그 생각은 이런 것이다. 아이들은 자라야 하므로, 신체나 정신이 발달하는 데 필요한 수단을 제공해야 한다는 생각이다. 그래서 일정한 교육을 받게 하고, 위험에 처했을 때는 가장 먼저 구하도록 특별한 보호를 하고, 너무 어린 나이에 힘든 일을 하지 않도록 주의해야 한다는 생각이다.

그러니까 아직도 아동을 집 아니면 학교에 있는 존재로만 생각하는 경향이 많다. 그 두 개의 울타리 안에서 아무 사고 없이 어른이 되어 주길 바란다. 그러다 보니 아이들이 가진 개성을 무시하고 독창성을 외면한다. 가끔 공부 잘 하는 천재만 좋아할 뿐이다. 그런 상태로 어른이 되어 버리면, 그 다음에는 마음대로 해도 된다는 것일까?

어린 시절은 단순히 어른이 되기 위한 준비 단계가 아니다. 어린 시절은 그 자체로 가치를 지니고 있다. 다시 말하면 아동은 어른과 같은 동등한 인간이다. 아동을 아동으로서 특별하게 대우하거나 차별을 하기보다는 이 사회를 살아가는 하나의 인간으로 여겨야 한다. 단, 어른들 사이에도 능력의 차이에 따른 적당한 차별이 있듯이, 아이들도 아동이란 사실에 대해 적절한 보호만 하면 된다.

결정은 어른만 내리는 것이 아니다. 아이들도 스스로 판단하고 결정할 수 있는 기회를 가져야 한다. 어른의 보호가 필요한 경우라 하더라도, 그것을 결정하는 데는 아이가 반드시 참여할 수 있어야 한다.

과연 그런 사회가 가능하겠느냐고? 아이들을 자기 마음대로 결정할 수 있도록 내버려 두면 엉망진창이 될 것이 아니냐고? 그것은 순전히 어른들만의 걱정일 뿐이다. 아이들은 어른들이 알고 있는 것보다 훨씬 훌륭하게 자신의 일을 처리한다. 혹시 큰 잘못을 저지른다 하더라도, 스스로 깨우치고 일어설 수 있도록 관용을 베푸는 것이 정말 어른이 해야 할 일이다.

다시 한번 삐삐의 재치 넘치는 상상을 들어보자.

삐삐는 아이들을 내려다 보며 말했다.

"너희들도 아르헨티나의 학교를 알아 둬야 해. 다들 바로 그런 학교에 다녀야 한다고. 거기에서는 겨울방학이 끝난 지 사흘만 지나면 곧바로 부활절 휴가가 시작돼. 부활절 휴가가 끝나고 사흘만 있으면 여름방학이 시작되고, 여름방학은 11월 1일에 끝나. 그래서 겨울방학이 시작되는 11월 11일이 될 때까지는 좀 고달프게 지낸단다. 그래도 수업이 없으니까 참을 만할 거야.

아르헨티나에서는 수업을 하면 법을 어기는 거야. 간혹 어떤 아이들이 벽장에 들어가 공부를 하기도 하지만 엄마한테 들켰단 혼쭐나지. 학교에서는 수학을 절대로 안 가르쳐. 7 더하기 5가 뭔지 아는 아이는 하루 종일 교실 구석에 서서 벌을 받아. 바보같이 자기가 아는 것을 선생님한테 가르쳐 주는 아이말야. 거기 아이들은 금요일에 읽기 공부를 해. 그것도 책이 있을 때만. 하지만 책이 있는 경우는 한 번도 없었어."

한 꼬마가 물었다.

"그럼 학교에선 뭘 해?"

이런 이야기를 들으면 누구든지 그냥 웃으면서 농담이라고 넘겨 버리겠지? 이런 신나는 상상은 《피노키오의 모험》에도 나온다. 모처럼 마음을 잡고 학교에 가려는 피노키오를 램프의 심지처럼 비쩍 마른 로메오가 장난감의 나라로 가자고 유혹한다. 램프 심지가 말하는 장난감의 나라도 환상적이다.

“피노키오! 나와 같이 가지 않으면 넌 후회하게 될걸. 우리 같은 아이들에게 그곳보다 더 좋은 곳이 어디 있겠니? 거기엔 학교도 없고 선생도 없어. 책도 없지. 그 축복 받은 마을에서는 공부를 하지 않아도 된다고. 목요일엔 학교에 가지 않아도 되는데, 일주일에 목요일이 여섯 번이고 일요일이 한 번이야. 가을방학이 1월 1일에 시작해서 12월 31일 끝난다고 상상해 보렴. 정말 내 마음에 드는 마을이야.”

갈수록 태산이라고 혀를 끌끌 차는 어른들이 있을지 모르겠다. 그러나 이런 것이 이야기 속에서만 가능한 일은 아니다. 실제로 이와 비슷한 나라가 있다면 믿을 수 있을까?

학교에 수업료를 내기는커녕 거꾸로 임금을 받고 다니는 나라가 있다. 아이들이 교육을 받는 것은 자신을 위한 것이 아니라 사회 공동체를 위한 것이라는 이유 때문이다. 그 학교에서는 수업 시간과 노는 시간의 구분이 없다. 시험이나 성적표가 없는 것은 물론이다. 그런 제도는 어린이의 존엄성을 훼손하고 사람을 멍청하게 만들기 때문이란다. 선생님은 어린이들이 직접 돈을 주고 채용한다. 그런 학교가 어느 이야기에 나오느냐고?

천만의 말씀이다. 그 학교는 이야기 속에 존재하는 상상의 학교가 아니라, 현재 지구 위에 실제로 존재하는 학교다. 스페인의 실바라는 신부가 1956년에 열다섯 명의 집 없는 남자아이들을 데리고 오렌세 부근에 어린이 공화국을 만들었다. 그 나라는 수도 이름을 따서 '벤포스타'라고 부른다.

300명 정도인 이 나라의 국민은 여덟 살부터 열여덟 살 사이의 아이들이다. 대통령부터 장관, 시장, 은행장이 모두 아이들이다. 아이들은 모두 직접 일을 해서 돈을 번다. 학교에 가는 것도 벤포스타를 위한 일이므로 돈을 받는 것이다.

이 어린이 공화국에는 나름의 법도 있다. 아이들이 만든 법전이 책 한 권 분량이다. 재판도 아이들 스스로 한다. 그러나 잘못이 있어도 처벌하는 경우는 거의 없다. 모든 일과 행동에는 반드시 이유와 사정이 있기 때문이라고 이해한다.

벤포스타가 우리에게 말해 주는 것은 무엇일까? 아이들은 부모 세대가 걸어간 길을 그대로 따라가야 할 뒷세대가 아니다. 따라서 여기 아이들은 앞세대의 어른들과 똑같이 성장하는 것을 바라지 않는다. 각자가 가지고 있는 창조성에서 나오는 새로운 정신으로 미래의 사회를 헤쳐 나가는 것이 목표일 뿐이다.

푸른 별 지구에 함께 사는 동물 가족들

동물권

아이들은 곧잘 동물을 화제 삼아 말놀이를 한다. 인간들에게 교훈을 주기 위해 지은 이솝이나 라 퐁텐의 우화도 대부분 동물들이 주인공이다. 그만큼 동물은 인간과 가깝다. 모두 지구에서 함께 살고 있는 생명체로서 인간은 동물과 뗄 수 없는 관계를 맺고 있다.

"코끼리를 냉장고에 넣는 세 단계 방법이 뭐지?"

"첫째, 냉장고 문을 연다. 둘째, 코끼리를 냉장고에 밀어 넣는다. 셋째, 냉장고 문을 닫는다."

"그럼, 기린을 냉장고에 넣는 네 단계 방법이 뭘까?"

"첫째, 냉장고 문을 연다. 둘째, 코끼리를 나오게 한다. 셋째, 기린을 밀어 넣는다. 아마 목을 구부려야 할걸. 넷째, 냉장고 문을 닫는다."

"동물 나라의 왕은 사자야. 누구든지 사자의 명령엔 꼼짝 못하지. 그 사자 왕이 생일을 맞게 됐어. 동물 나라에선 큰 잔치를 벌이기로 했어. 생일 아침에 한 마리의 동물도 빠짐 없이 왕궁 앞으로 모이라고 사자가 명령했어. 그런데 오직 한 마리가 명령을 어겼어. 사자의 생일 잔치에 참석하지 않은 그 동물이 누군지 알아?"

"모르겠어."

"기린이야. 냉장고 속에 갇혔으니까."

"전깃줄 위에 참새 열 마리가 앉아 있었대. 그때 포수가 나타났어. 그 포수는 총을 가지고 있지도 않았어. 그런데 참새 열 마리가 모두 순식간에 날아가 버렸어. 왜 그랬을까?"

"왜 그랬지?"

"사자 생일 잔치에 간 거야."

동물들을 소재로 한 우스개 이야기도 한때 많은 사람들에게 오르내렸다. 언뜻 보면 인간과 동물 사이에는 별 문제가 없는 것 같다. 인간은 동물을 아끼고 사랑하면서 서로 평화스런 관계를 유지하고 있는 것처럼 느껴지니까 말이다. 독일 포츠담의 상수시 궁전 마당에는 프리드리히 대왕과 열한 마리 애견들의 무덤이 나란히 자리잡고 있다. 프랑스의 어느 부자는 죽으면서 막대한 유산을 자기가 키우던 고양이에게 상속했다고도 한다. 이런 이야기만 들으면 인간은 동물을 사람 못지않게 무척이나 아끼는 것 같다. 어디를 둘러보더라도 동물과 인간 사이에 전쟁이 벌어지는 것 같지는 않다.

안데르센의 〈미운 오리 새끼〉를 읽어볼까? 주인공은 사실은 백조지만 오리들 틈에서 알을 깨고 나온 뒤 미운 오리 새끼로 취급받았다. 모습이 다르다는 이유로 모든 오리 새끼들로부터 받은 심한 따돌림을 견디다 못해서 혼자 집을 떠나 넓은 세상을 찾아 나섰다. 그런데 그만 얼음 속에 갇히고 말았다.

겨울은 매우 추웠다. 미운 오리 새끼는 몸이 어는 것을 막기 위하여 물 속에서 이리저리 헤엄을 쳤다. 그러나 밤마다 헤엄치는 구멍은 점점 작아졌다. 미운 오리 새끼의 몸도 얼기 시작했다. 그래서 얼음 구멍이 완전히 닫히지 않도록 하기 위해 끊임없이 다리를 움직여야 했다. 그러다가 미운 오리 새끼는 지쳐서 얼음 속에서 얼어붙고 말았다.

아침 일찍 한 농부가 왔다. 미운 오리 새끼를 본 농부는 자신의 나막신으로 얼음을 깨고 미운 오리 새끼를 아내에게 데리고 갔다. 이렇게 해서 미운 오리 새끼는 다시 살아났다.

착한 농부처럼 인간은 동물의 생명을 소중하게 여기는 듯하다. 착한 농부가 아니었으면 미운 오리 새끼는 꼼짝없이 얼어죽었을 뿐만 아니라, 자신이 아름다운 백조라는 사실조차 알 수 없었을 것이다.

동물을 아끼는 것이 어디 마음씨 좋은 농부만이었을까? 빨간 눈의 토끼를 따라 달려가다 굴 속에 빠져서 지구를 뚫고 나갈 듯한 속도로 떨어지던 앨리스가 걱정한 것도 집에 두고 온 고양이 다이나의 저녁 식사였다.

《위대한 마법사 오즈》에 나오는 양철 나무꾼도 마찬가지다. 양철로 된 나무꾼이 오즈를 만나 부탁한 것은 심장이었다. 누구를 사랑하는 마음을 가질 수 있게 심장을 갖는 것이 소원이었다. 그 심장이란 사람의 심장과 같은 것을 말한다. 그러나 도로시와 함께한 여행에서 일어나는 일을 보면, 심장이 없는 양철 나무꾼은 볼품없는 작은 생명까지 사랑하는 마음을 가지고 있음을 알게 된다.

그날 하루는 더 이상 아무런 일도 일어나지 않은 채, 평화로운 여행이 계속되었다. 사실은 한 가지 사건이 있었다. 양철 나무꾼이 길 위를 기어가고 있는 딱정벌레를 우연히 발로 밟아 버린 것이다.

가엾은 작은 벌레는 납작하게 짓눌려서 죽어 버렸다. 양철 나무꾼은

이 일 때문에 몹시 슬펐다. 그는 아무리 하찮은 생명이라도 절대 죽이지 않으려고 언제나 주의를 해왔기 때문이다.

나무꾼은 길을 걸으면서도 슬픔과 후회의 눈물을 뚝뚝 흘렸다. 천천히 그의 얼굴을 타고 흘러내린 눈물은 턱의 연결 나사 부분으로 흘러들어갔다. 그러자 곧 녹이 슬기 시작했다.

그러면 모든 복잡한 일들은 사람과 사람 사이에서만 일어나고, 사람과 동물 사이에는 아무 문제가 없는 것일까? 결코 그렇지 않다. 이제 그 이야기를 해 보자.

동물을 자기 마음대로 다루는 사람들

미국 하와이 대학에 해양 생물학 연구소라는 것이 있다. 바다에 사는 여러 생물을 연구하는 곳이다. 그런데 어느 날 밤, 거기서 일하는 조교 한 사람이 실험을 위해 잡아다 놓은 돌고래 두 마리를 몰래 바다로 돌려 보내고 말았다. 그 조교는 절도죄로 체포되어 법정에서 재판을 받았다.

그는 판사 앞에서 미국 헌법은 노예 제도를 인정하지 않고 있으니, 인간에 의해 자유를 잃은 돌고래를 노예처럼 둘 수는 없다고 당당하게

주장했다.

왜 그런 사건이 일어났을까? 라 퐁텐의 〈늑대와 어미와 아이〉라는 짧은 이야기 한 토막을 보자.

마을의 외딴 집 문간에서 늑대가 먹을거리를 기다리고 있었다. 송아지, 어린 양, 칠면조 등을 생각하며 군침을 삼켰다.

그때 집 안에서 아이 우는소리가 들렸다. 그러자 그 어미가 아이를 나무라며, 만일 울음을 멈추지 않으면 늑대에게 줘 버리겠다고 겁을 주었다.

늑대는 그런 행운을 주신 신께 감사하며 만반의 준비를 갖추고 있었다. 그런데 잠시 후 어미가 귀여운 자기 자식을 달래며 또 이렇게 말하는 게 아닌가.

"울지 마라. 늑대가 오면 죽여 버릴 테니까."

늑대는 기가 막혔다.

"이건 또 뭐람? 이랬다가 저랬다가, 사람들이 나 같은 동물을 이렇게 다루다니. 나를 무슨 바보로 아나?"

늑대가 화를 낼 만도 하다. 이야기 속의 늑대는 결국 사람들에게 들켜 죽고 마니까, 인간을 무척이나 원망했을 것이다. 그러나 늑대에 대해서만 그런 건 아니다. 가만히 생각해 보면, 인간은 항상 동물에 대해

이랬다 저랬다 한다. 무슨 말이냐 하면, 인간은 동물을 자기 마음대로 할 수 있는 물건으로 여긴다는 것이다. 사람은 다른 사람의 간섭이나 방해가 두렵기도 하고 싫기도 해서 인간의 권리라는 것을 외친다. 그런데 동물들에 대해서는 도대체 제대로 이해하려 들지 않는다. 동물은 그냥 인간이 귀여워 해주거나, 내팽개쳐 버리거나, 잡아먹거나 할 수 있을 뿐이라고 생각한다. 동물을 동물로 대우한다면 당연히 동물의 권리도 있는 법이다.

모든 사람은 태어날 때부터 가지는 인간의 권리가 있다고 했다. 그 권리는 남자건 여자건, 피부가 하얗건 검건, 부자이건 가난하건 차별 없이 주어져 있다는 것도 알고 있다. 이렇게 사람과 사람을 차별하지 않듯이, 사람과 동물도 함부로 차별할 이유는 어디에도 없다.

사람마다 동물을 대하는 태도가 다르고, 사람의 이익과 기분에 따라 동물을 대하는 방식이 다르다. 이것은 자기도 모르는 사이에 사람들 머릿속에 동물을 무시하는 생각이 박혀 있는 까닭이다. 그것도 결국 하나의 편견일 뿐이다. 옛날부터 모든 동물들 중에서 오직 인간만이 이성을 가지고 있다고 믿었기 때문이다.

사람이 모두 저마다 다르듯, 사람과 동물은 뚜렷이 다르다. 힘이나 능력도 아주 다르다. 그러나 그렇다고 해서 인간에게만 이성이 있다고 생각하면 그것은 인간의 자만일 것이다. 인간에게는 인간의 이성이 있을 뿐이다. 동물의 세계에는 동물의 이성과 질서가 있을 것이다. 다만 인간이 그것을 알지 못할 뿐이다.

인간이 동물의 세계를 제대로 알지 못하는 것은 너무나 당연하다. 우선 사람들은 동물 세계의 내부를 볼 수 없기 때문이다. 인간은 주로 보고 듣는 것으로 세상을 느끼고 판단한다. 그러나 인간이 볼 수 있는 것은 세상의 모든 빛 중에서 아주 작은 한 부분이다. 인간이 들을 수 있는 것도 세상의 모든 소리 중에서 극히 일부분이다. 인간은 인간이 볼 수 있는 것만 보고, 들을 수 있는 것만 듣는다. 그러니 인간이 세상 그 자체를 모두 잘 아는 것처럼 행세하는 것은 오만이다.

그럼 우리는 동물을 어떻게 대하는 것이 좋을까? 동물에게도 권리가 있다는 것이, 단순히 동물을 사랑하고 인간의 노력으로 동물을 보호하라는 의미만은 아닐 것이다.

일 년에 1억 마리씩 죽어 가는 실험용 동물들

철썩, 철썩!

"이 게으른 녀석아! 빨리 가란 말이야. 빨리!"

무섭게 생긴 철물 장수가 또 채찍질을 해댔습니다. 채찍을 맞은 개는 낑낑거릴 힘조차 없었습니다. 무거운 짐수레를 끌고 가파른 언덕길을 올라가느라 기운이 다 빠져 버렸기 때문입니다. 게다가 때는 뙤약

볕이 내리쬐는 무더운 여름날 오후였습니다.

수레에는 무거운 쇠붙이와 사기 그릇들이 하나 가득 쌓여 있어 여간 무거운 게 아니었습니다. 한 걸음 한 걸음 옮길 때마다 다리가 파르르 떨렸습니다.

허억, 허억!

개는 혀를 길게 내밀고 가쁜 숨을 쉬었습니다.

하루 종일 물 한 모금도 못 먹었기 때문에 입 안이 말라붙었습니다.

철썩, 철썩!

다시 채찍이 날아왔습니다.

개는 온몸이 상처투성이였고 옆구리에는 앙상한 뼈가 그대로 드러나 있었습니다. 자꾸 이렇게 얻어맞은 데다가 며칠 동안 아무것도 먹지 못했기 때문입니다.

'아, 물 한 모금만 마셔 봤으면…….'

《플란다스의 개》에서 파트라슈가 네로를 만나기 전 철물 장수에게 당한 가혹한 대우를 학대라고 한다. 찰스 디킨스의《올리버 트위스트》에서 굴뚝 청소부 갬필드가 당나귀에게 가한 것도 비슷한 학대다. 청소부가 당나귀를 몰고 런던의 구빈원 앞을 지나다가, 올리버를 데리고 가서 일을 가르치면 5파운드를 주겠다는 벽보를 발견하는 장면이다.

"워, 워!"

갬필드는 당나귀에게 소리쳤다.

당나귀는 깊은 생각에 빠져 있던 중이었다. 그 작은 수레에 싣고 가는 검댕을 모두 치워 놓고 나면 배추 줄기라도 한두 개 푸짐하게 얻어먹지 않을까 생각하고 있었는지, 주인의 명령을 알아채지 못하고 계속 터벅터벅 가고 있었다.

갬필드는 당나귀에, 특히 그 눈에 사나운 저주를 퍼부으며 으르렁대고 쫓아가서는 머리통을 한 대 내리쳤는데, 그것은 당나귀의 두개골만 빼놓고는 그 어떤 두개골도 갈라 놓을 법했다. 그리고 당나귀에게 제멋대로 할 수 있는 처지가 아님을 부드럽게 일깨워 주는 방편으로 고삐를 잡아채어 턱을 날카롭게 확 틀어쥐었다. 이렇게 해서 당나귀를 돌려 놓은 후에 자기가 다시 돌아올 때까지 정신차리고 있도록 다시 머리통에다 한방을 먹였다. 이처럼 모든 조치를 취해 놓고 그는 대문으로 다가가서 벽보를 읽었다.

동화 속의 동물 학대는 현실보다는 심하지 않은 것 같다. 인간은 얼마나 동물을 학대하여 못살게 구는 것일까? 사람들은 동물들을 끌어다 싸움을 붙이고는, 피를 흘리며 쓰러지는 처참한 모습을 보고 박수를 치면서 좋아하기도 한다. 빨간 천을 들고 소를 놀리다가 긴 칼로 찔러 죽이는 투우가 그렇다. 돈을 걸고서 개들이 날카로운 이빨로 서로 물어뜯게 하는 투견도 끔찍하다. 닭의 발에 면도날 같은 칼을 매달아 마구 휘두르며 싸우게 하는 투계도 서슴지 않는다.

동물을 이용한 잔인한 경기는 그래도 공개된 장소에서 하기에 쉽게 확인할 수 있다. 하지만 우리가 모르는 곳에서 벌어지는 동물 학대는 그보다 훨씬 심하다. 연구실에서 하는 동물 생체 실험이 그것이다. 어떤 경우에는 살아 있는 동물을 마취도 하지 않은 채 칼로 째고 가위로 자른다. 그뿐이 아니다. 방사선을 함부로 쏘고, 충격에 대한 반응을 보기 위해 마구 몽둥이질을 하고, 가스를 마시게 해 질식시키는가 하면, 굶겨서 죽이기도 한다.

이런 식으로 죽어 가는 동물이 과연 얼마나 될까? 한국에서만도 연간 실험에 사용되는 쥐, 토끼, 모르모트 등이 무려 400만 마리 가까이 된다고 한다. 전 세계에서 인간에 의해 실험의 도구가 되어 죽어 가는 동물이 일 년에 적어도 1억 마리가 훨씬 넘는다는 통계가 있다.

인간의 식욕도 때로는 도가 지나칠 정도다. 우리나라에서는 개를 몽둥이로 때려잡은 뒤 통째로 불에 그을려 먹기도 한다. 프랑스에서 최고급으로 치는 음식 중 하나가 거위의 간 요리인 포아그라이다. 간을 크게 키우기 위해서 거위를 꼼짝 못하게 묶어 두고 막대기로 먹이를 강제로 밀어 넣는다. 싱가포르에서는 원숭이 뇌를 맛보라고 머리를 톱으로 잘라 식탁에 올린다. 나쁜 쇠고기 상인은 소의 무게를 늘려서 돈을 벌려고 더욱 잔인한 짓을 한다. 소의 네 발을 잘라 힘이 빠지게 한다음, 호스를 심장까지 박아 물을 먹이는 것이다.

밤의 동물원 인간들

영국에서 활동한 패멀라 린든 트래버스가 쓴 신기한 동화《메리 포핀스》에는 동물을 함부로 대하면 인간이 어떻게 될 수 있는지를 알려주는 장면이 있다. 메리 포핀스의 도움으로 제인과 마이클이 밤중에 동물원 구경을 갔는데, 거기에는 도대체 꿈인지 현실인지 분간하기 어려운 광경이 펼쳐진다.

밤의 동물원은 길마다 겅중거리며 뛰어다니는 동물들로 가득했다. 새들도 함께 날아다녔다. 늑대 두 마리가 제인과 마이클을 휙 지나치더니, 꺽다리 황새에게 달려가 신이 나서 떠들어댔다. 황새는 늑대 두 마리를 양옆에 끼고 사뿐사뿐 우아하게 걸어갔다.

코끼리 조각상 바로 앞에서 몸집이 아주 큰 뚱보 할아버지가 손발을 땅에 짚고 이리저리 기어다니고 있었다. 할아버지 등에는 의자 두 개가 나란히 놓여 있었는데, 원숭이 여덟 마리가 거기에 앉아 있었다.

제인이 소리쳤다.

"세상에, 완전히 뒤집어졌어!"

그러자 원숭이 여덟 마리가 자지러지게 웃어댔다.

한 우리에서는, 최고급 모자를 쓰고 줄무늬 바지를 입은 뚱보 아저씨 두 명이 뭔가를 기다리는 사람처럼 한 곳에 가만 있지를 못하고 걱정스런 얼굴로 우리 밖을 내다보고 있었다.

다른 우리에는, 배내옷을 입은 아기에서부터 생김새와 덩치가 다른 각양각색의 어린이들이 한데 뒤섞여 있었다. 동물들은 우리 밖에서 호기심 어린 눈빛으로 구경을 했다. 몇몇 동물들은 앞발이나 꼬리를 우리 속으로 집어넣어 아기들을 까르르 웃기기도 했다.

또 다른 우리에는, 비옷을 입고 장화를 신은 할머니 세 명이 갇혀 있었다. 한 할머니는 잠자코 뜨개질만 하고 있었지만, 다른 두 할머니는 앞으로 나와 우산을 치켜들고 바락바락 소리를 지르고 있었다.

동물들이 그 할머니를 보고 깔깔 웃으며 말했다.

"하하하! 정말 웃긴다!"

그때 누군가가 큰 소리로 이렇게 고함치는 것이 들렸다.

"물러서요! 물러서! 이제 먹이를 줄 시간이야!"

갈색 곰 네 마리가 모두 고깔 모자를 쓰고서 우리 밖에 있는 좁은 길을 따라 음식이 담긴 작은 손수레를 밀고 왔다. 그리고 각 우리의 작은 문을 열고, 뾰족한 쇠스랑으로 음식을 쿡 찍어 우리 안에 넣어 주었다.

제인과 마이클은 표범과 딩고 사이로 고개를 내밀고 무슨 일이 벌어지는지 자세히 살폈다. 곰들이 아기들에게 우윳병을 휙휙 던져 주자,

아기들은 두 손으로 우윳병을 꼭 잡아 쥐고서 허겁지겁 우유를 마셨다. 큰 아이들은 쇠스랑에서 카스텔라와 도넛을 떼어내 우걱우걱 먹어 댔다. 장화를 신은 할머니들한테는 버터 바른 얇은 빵과 스콘 빵을 접시에 담아 나누어 주고, 최고급 모자를 쓴 아저씨들한테는 양고기 튀김과 계란 빵을 유리 접시에 담아 나누어 주었다. 아저씨들은 음식을 받자 구석으로 들고 가서, 줄무늬 바지에 손수건을 깔고 먹기 시작했다.

이런 우스꽝스럽고 부끄러운 일이 벌어지기 전에 인간은 스스로 반성해야 한다. 그래서 세계 곳곳에서 동물에 대한 인간의 잔혹한 행위를 막기 위한 운동이 벌어지고 있다. 미국의 동물해방전선이란 단체는 1986년 오레곤 대학의 실험실에 침입해서 갇혀 있던 실험용 토끼와 고양이 200마리를 풀어 주기도 했다.

여러 나라에서 동물을 보호하기 위한 법률을 만들었다. 그리하여 동물을 학대하는 사람을 처벌하기로 했다. 우리나라도 덩달아 1991년에 동물보호법이란 걸 만들었다. 이 법을 만든 목적은 동물에 대한 학대를 방지하여 동물의 생명과 안전을 보호하기 위해서다.

이 법에는 누구든지 함부로 동물을 죽여서는 안 되며, 가능하면 동물마다 본래의 습성을 지니면서 정상적으로 살 수 있도록 해야 한다고 쓰여 있다. 물론 동물을 이용해 실험할 때는 고통을 주지 않도록 조심하라는 말도 빠뜨리지 않고 있다.

그러나 동물보호법이 보호하는 동물은 소, 말, 돼지, 개, 고양이, 토끼, 닭, 오리, 산양, 면양, 사슴, 여우, 밍크뿐이다. 그래서 그 역할을 제대로 하지 못한다. 그나마도 사람들이 제대로 지키지 않으니, 동물의 보호는 말로만 하는 것이나 다름없다. 그래서 동물들의 신음 소리는 여전히 그치지를 않는다.

사람을 기준으로 보면 동물은 여러 가지 종류가 있다. 소나 말, 개나 고양이처럼 바로 인간과 함께 어울려 생활하는 동물들이 있다. 참새나 비둘기처럼 인간과 비교적 가까운 곳에서 머무는 동물들도 있고, 사자나 호랑이처럼 인간과 멀리 떨어져 다른 환경에서 생활하는 야생 동물도 있다.

야생 동물의 운명은 그들의 환경에 맡겨 두어야 한다. 총이나 칼 같은 무기의 힘을 믿고 함부로 사냥을 해서는 안 된다. 영국 같은 나라에서는 여우 사냥이란 것이 있다. 사냥꾼들은 말을 타고 사나운 사냥개를 데리고 여우를 몬다. 여우가 빠져나갈 길을 찾지 못하고 지쳐 버리면 사냥개로 하여금 달려들어 물어뜯게 하는 잔혹한 짓이다. 하지만 아직도 영국 귀족들은 이것을 스포츠라고 이야기한다. 그런가 하면 울창한 밀림에서, 머나먼 북쪽에서, 또는 깊고 푸른 바닷속에서 동물들을 마구 잡아서 동물원의 창살 속에 가두어 둔다. 동물을 길들인다는 것은 인간이 인간만 생각하기 때문이다.

인간과 함께 생활하는 가축이나 애완동물에 대해서는 사람에게 일정한 의무가 있다. 동물들에게 적당한 잠잘 곳을 마련해 주고, 굶지 않게 해야 하며, 병에 걸리지 않게 보살펴야 한다.

사람과 관계를 맺고 있는 동물들에게도 일종의 평등권이 있다. 아무런 이유 없이 동물을 차별하는 것도 바람직하지 않다는 말이다. 사람들은 보통 개나 고양이는 끔찍이 좋아하면서 쥐나 뱀은 아주 싫어한다. 원숭이, 개, 피그, 햄스터, 토끼가 사람의 기분에 따라 시달려서는 곤란하다. 물론 싫은 걸 억지로 참거나 좋아하란 뜻은 아니다. 동물들을 대하는 인간은 적어도 그런 마음가짐을 가지고 겸손하라는 뜻이다.

애완동물은 사람의 사랑을 독차지한다. 학대를 당하지 않는 애완동물의 경우에는 별다른 문제가 없어 보인다. 하지만 사람이 사는 환경 속으로 동물을 끌고 와서 장난감처럼 다루는 것도 정말 잘하는 일이라고 할 수 없다. 인간의 기호에 동물을 길들여서 결국에는 그 동물의 본성을 잃게 만들기 때문이다.

《메리 포핀스》의 꼬마 주인공 제인과 마이클도 그렇게 생각한다. 옆집의 라크 아주머니가 강아지 앤드류를 다루는 것을 보면 누구나 고개를 갸우뚱할 것이다.

앤드류는 다들 페르시아 왕이 다시 개로 태어났다고 여길 만큼 너무나 화려하게 살았다. 라크 아주머니 방의 비단 베개에서 잠을 자고, 한 주에 두 번씩 목욕을 하러 자동차를 타고 미장원에 가고, 식사 때마다 크림을 먹는데 가끔은 굴도 먹고, 각기 다른 색깔의 바둑판 무늬 외투와 줄무늬 외투가 네 벌이나 있었으니까. 게다가 사람들도 생일에나 받아 볼 수 있는 물건들에 둘러싸여 있다시피 하고, 생일날이 되면 케이크에 양초를 하나도 아니고 두 개씩이나 꽂았다.

사람들은 앤드류가 모피 덮개를 무릎에 덮고 제일 좋은 외투를 입고 라크 아주머니의 자동차 뒷자리에 앉아 미장원으로 가는 것을 보고 코웃음을 쳤다. 라크 아주머니가 비 오는 날에도 앤드류가 공원에 놀러갈 수 있게 해주려고 작은 가죽 장화 두 켤레를 사준 날에는, 사람들이 모두 대문으로 나와 앤드류가 지나가는 것을 구경하며 손으로 입을 가리고 뜻 모를 미소를 지었다.

푸른 별 지구에 함께 사는 동물 가족들

동물들이 화를 내기 전에 인간은 동물 학대를 중단해야 한다. 인간에겐 동물을 함부로 학대할 권리가 없기 때문이다. 그것이 바로 동물권리의 첫 번째다.

인간이 동물을 가혹하게 다루어서는 안 되는 것은 우선 동물을 위해서다. 하지만 그것은 인간 자신을 위한 일이기도 하다. 동물을 학대함으로써 마음속에 자라는 잔인한 심성은 인간을 위해서도 좋지 않기 때문이다. 동물에 대한 잔혹한 심성은 곧 인간에 대한 잔혹성으로 번질 가능성이 크다.

자칫 동물들이 인간의 학대를 더 이상은 못 참겠다고 나설지도 모를 일이다. 독일의 야콥 그림과 빌헬름 그림이라는 두 형제가 독일의 전래 동화를 모아 펴낸《그림 동화집》에 실린 〈브레멘의 음악대〉를 보면 뭔가 느껴지는 게 있을 법하다.

주인공은 당나귀·사냥개·고양이·수탉이다. 당나귀가 나이가 들어 힘이 빠지니까 일을 잘 못했다. 주인이 먹이가 아깝다고 슬슬 굶기려 하자, 당나귀는 집을 나섰다. 사냥개도 늙었다는 이유로 주인이 때려 죽이려고 했다. 사냥개는 당나귀를 따라 나섰다. 고양이의 발톱이 무뎌져서 쥐를 제대로 잡지 못했다. 화가 난 주인 여자가 물에 빠뜨려 죽이려 하자, 고양이도 개의 뒤를 따랐다. 수탉은 하루만 지나면 식탁 위에 오를 처지였다. 그러니 수탉은 목청을 다해 외치며 고양이 뒤에 줄을 설밖에.

네 마리의 동물은 음악대를 결성해서 브레멘이란 도시에 가서 연주를 하며 살아가기로 했다. 그러나 숲속에 도착했을 때 그만 날이 저물고 말았다. 그때 불빛을 발견했는데, 그 집은 도둑들의 소굴이었다. 동물들은 도둑들을 어떻게 쫓아 냈을까?

당나귀는 앞발을 창에 올려놓고 서야 했다. 개가 당나귀의 등으로 뛰어오르고, 고양이가 개 위로 올라가고, 마침내 수탉이 날아올라 고양이의 머리 위에 앉았다. 이렇게 해 놓고 신호에 맞추어 일제히 음악을 연주하기 시작했다.

당나귀는 이히힝 고래고래 소리를 지르고, 개는 멍멍 짖고, 고양이는 야옹거리고, 수탉은 꼬끼요 목청을 뽑았다. 그 다음 와장창 유리창을 부수고 창문을 통해 방 안으로 뛰어내렸다.

도둑들은 이 끔찍한 소리에 펄쩍 뛰어올랐다. 유령이 들어왔다고 생각하고는 몹시 겁에 질려 숲속으로 도망쳤다. 이제 네 동료들은 식탁에 앉아 남아 있는 음식으로도 만족하여 마치 4주일이나 굶은 것처럼 아귀아귀 먹었다.

그러면 도둑들은 집을 빼앗기고 가만히 있었을까? 도둑 체면에 그냥 있을 리 없다. 집에 다시 갔던 도둑들이 어떤 꼴을 당하는지 보자.

도둑 대장은 부하 하나를 시켜 집에 가서 살펴보라고 했다. 파견된 부하가 가보니 모든 것이 고요했다. 그래서 불을 켜려고 부엌으로 갔다. 그는 고양이의 이글거리는 눈을 타고 있는 석탄이라 생각하고 불을 붙이려고 성냥개비를 갖다 대었다.

그러나 고양이가 농담을 이해하겠어? 고양이는 그의 얼굴로 뛰어올라 침을 뱉으며 할퀴어 버렸다. 그는 너무 놀라 냅다 뛰면서 뒷문으로 빠져 나오려 했다. 거기 누워 있던 개가 벌떡 일어서며 다리를 물었다. 그가 마당을 가로질러 거름더미 옆을 지날 때 당나귀가 뒷발로 호되게 걷어찼다. 시끄러운 소리에 잠에서 깬 수탉이 기운을 차리고 도리 위에서 아래를 내려다보며 "꼬끼오!"라고 소리쳤다.

도둑은 할 수 있는 한 힘껏 달려서 대장이 기다리는 곳으로 도망가고 말았다.

브레멘의 동물 음악대는 브레멘에 가보지도 못한 채 숲속에서 여행을 끝낸다. 브레멘에 가서 고생하는 것보다 도둑들에게서 빼앗은 집에서 편히 살다 죽는 것이 더 낫다고 생각한 모양이다. 그러고 보면 브레멘의 음악대는 음악대가 아니라 동물 해방군인 셈이다. 자신들을 학대한 인간들에게 복수하고 스스로 인간의 굴레에서 해방된 것이다.

고대 그리스 철학자 데모크리토스는, 인간은 중요한 것을 동물들로부터 배운다고 했다. 사람들이 실을 잣고 옷을 수선하는 것은 거미들에게서 배웠고, 노래하는 것은 새들에게서, 집 짓는 것은 제비들에게서 배웠다고 했다. 철학자이자 수학자인 피타고라스는 인간과 동물은 서로 영혼을 나누어 가졌다고 믿었다. 인간은 언제든 동물로 다시 태어날 수 있다고 생각했다. 부처의 가르침과 비슷하다.

한때 흑인을 백인과는 전혀 다른 인간으로 취급한 것이 잘못된 편견에서 비롯된 것이듯, 동물을 사람과 다르다고 차별하는 것도 편견의 하나다. 그렇다고 동물을 사람과 똑같이 여기라는 것은 아니다. 인간은 동물과 함께 지낼 수도 있지만 때로는 싸울 수도 있고, 동물을 음식으로 먹을 수도 있다.

그러나 우리가 명심해야 할 것은 동물들에게는 동물들의 세계가 있고 질서가 있다는 사실이다. 정확하게 알지 못할지라도 우리는 그 세계와 질서를 존중해야 한다. 식물에게도 사생활이 있는 것과 마찬가지다. 푸른 별 지구는 인간을 위해서만 존재하는 것이 아니다.

이 책에 나오는 이야기들

《80일간의 세계 일주》 | 쥘 베른(1828-1905)

쥘 베른은 프랑스 서부 항구 도시 낭트에서 태어났는데, 어려서부터 모험심이 강했다. 열한 살 때 사촌 카롤린을 사랑해 그녀에게 선물할 산호 목걸이를 구하려고 인도행 무역선을 몰래 탄 적이 있었다. 결국 아버지에게 들켜 끌려오고 말았는데, 그때 "앞으로는 꿈속에서만 여행을 하겠다"고 약속했다. 베른 집안은 대대로 법률가를 배출했기 때문에 쥘 베른도 열아홉 살이 되자 법학을 공부하기 위해 파리로 갔다. 그러나 그는 법률 공부보다 독서와 극장 순례에 관심이 더 많았다. 항상 상상의 날개를 펼쳐대던 베른은 《80일간의 세계 일주》 외에도 《15소년 표류기》, 《바다 밑 이만 리》, 《지구 속 여행》 등 우리에게 잘 알려진 수많은 책을 썼다. 그의 이야기는 언제나 알려지지 않은 세계에 관한 것이었다.

〈갈릴레오의 생애〉 | 베르톨트 브레히트(1898-1956)

브레히트는 의학과 자연과학을 공부한 독일의 극작가다. 1933년에 히틀러의 나치스를 피해 미국으로 망명했다. 그러나 1948년 다시 동베를린으로 돌아갔는데, 거기서 베를린 앙상블을 조직하기도 했다.

〈갈릴레오의 생애〉는 1938년 덴마크에서 쓴 희곡이다. 지구는 돈다고 했다가 로마 교황청의 고문에 굴복할 수밖에 없었던 갈릴레오의 심정을 표현하며, 히틀러 때문에 고국을 떠난 자신을 변명하고자 했는지 모른다. 〈갈릴레오의 생애〉는 그 뒤 몇 차례 수정했다.

《걸리버 여행기》 | 조너선 스위프트(1667-1745)

아일랜드의 더블린에서 태어난 스위프트가 어떤 사람인가 알려면 그의 책을 읽는 수밖에 없다. 그런데 그의 대표작《걸리버 여행기》는 어린이용 동화가 아니다. 원래는 어른을 위한 신랄한 정치 풍자 소설이다. 그중 제1부 소인의 나라와 제2부 거인의 나라만 줄여서 어린이용 동화로 만들었기 때문에 우리는 항상 스위프트의 진면목을 잘 모른다. 제3부 하늘을 나는 섬의 나라와 제4부 말들의 나라도 꼭 읽어 봐야 할 부분이다. 아이작 비커스탭이란 가명을 쓰기도 했던 그의 풍자가 어느 정도인지 예를 하나 들면 이렇다. "나는 돈 때문에 어릴 때부터 하얀 것을 검다고, 검은 것을 하얗다고 증명하기 위해 수없이 많은 낱말을 사용해 증명하는 기술을 배우는 사람들이 우리 사회에 있다고 말했다. 바로 변호사들이다." 스위프트가《걸리버 여행기》를 쓴 목적은 어리석은 인간의 본래 모습을 보여 주고 싶었기 때문이다.

《그리스 로마 신화》 | 토머스 볼핀치(1796-1867)

그리스와 로마의 신화는 인류의 대표적 자산 중 하나다. 무엇보다도 기품 있는 문학의 세계로 들어가는 일은 그리스 로마 신화에 대한 지식 없이는 불가능하다. 신들과 인간의 세계가 어우러진 그리스 신화는 비록 서양의 것이긴 하지만 인류의 의미와 지혜를 담고 있다. 그리고 서양 문화를 이해하는 열쇠이기도 하다.
그리스와 로마의 신화는 확정적인 것이 없다. 이야기의 양이 엄청날 뿐만 아니라 오래전부터 전해 내려오는 것들이어서 매우 다양하다. 기원전의 것으로는 오비디우스의《변신 이야기》나 베르길리우스의《아이네이스》등에 많은 신화가 등장한다. 이 신화를 역시 많은 사람들이 정리를 시도했지만, 현재 가장 모범적으로 읽히는 것 중 하나가 토머스 볼핀치가 펴낸 책이다. 볼핀치는 미국 하버드 대학을 졸업하고 평범한 사업가로 생애를 마쳤지만, 그가 정리한《그리스 로마 신화》는 전 세계에서 수많은 사람이 애독하는 책이 되었다.

《꼬마 니콜라》 | 르네 고시니(1926-1977)

파리에서 태어난 르네 고시니는 프랑스의 뛰어난 유머 작가다. 어려서는 아르헨티나에서 자랐고, 다시 프랑스로 돌아와 만화 스토리 작가로 일했다. 1959년에는 벨기에에서 〈필로트〉라는 잡지를 창간하며 〈꼬마 니콜라〉를 연재하기 시작했다. 그의 재치 있는 글에 장 자크 상페가 그림을 곁들여《꼬마 니콜라》는 더 유명해졌다.

〈꾀꼬리의 노래 주머니〉 | 김득순

북한의 동화도 꽤 여러 편 우리에게 소개되고 있다. 북한에서는 여러 작가들이 모여서 공동으로 동화를 만드는 집체 창작이 많다. 그래서 개인 이름으로 발표되는 동화가 드물다고 한다. 〈꾀꼬리의 노래 주머니〉는 김득순이란 이름으로 쓰여진 교훈적인 동화다. 그러나 김득순에 대해서는 이름 외에 알려진 것이 없다.

《나무를 심은 사람》 | 장 지오노(1895-1970)

장 지오노는 프랑스 남부 프로방스 지방의 마노스크에서 태어나서 평생을 도시에서 살았다. 1929년 앙드레 지드의 추천으로 소설가로 첫걸음을 디뎠다.
1953년에 쓴《나무를 심은 사람》은 자신의 체험을 바탕으로 한 아주 짧은 이야기다. 전쟁과 파괴를 일삼는 인간들에게 환경을 위해 해야 할 일이 무엇인지 알려 주고 있다. 이 이야기는 영화로도 만들어 유명해졌는데, 1987년 아카데미 단편 영화상을 수상했다.

《나의 라임 오렌지 나무》 | 주제 마우루 지 바스콘셀로스(1920-1984)

바스콘셀로스는 축구의 나라 브라질에서 최고의 작가로 손꼽힌다. 불우한 어린 시절을 보내고 권투 선수, 바나나 농장 인부, 야간 업소 웨이터 등 다양한 직업을 경험했다. 그리고 꼬마 제제를 내세워 1968년《나의 라임 오렌지 나무》를 발표했다. 이 이야기를 읽고 있으면, 제제는 어느덧 우리의 영혼을 사로잡아 버린다. 악동이기도 한 제제의 행동과 생각을 눈으로 따라가다 보면, 눈물을 흘리지 않는 사람이 아마 아무도 없을 것이다.

《닐스의 신기한 모험》 | 셀마 라게를뢰프(1858-1940)

스웨덴의 대표적인 작가이자 시인인 셀마 라게를뢰프는 모르카바에서 태어났다. 셀마는 어려서부터 한쪽 다리가 불구였다. 스톡홀름의 여자사범학교를 졸업하면서 소설을 쓰기 시작했는데,《닐스의 신기한 모험》은 스웨덴 어린이들이 국토에 대한 폭넓은 이해를 할 수 있었으면 하는 마음으로 1906년에 쓴 동화다. 주인공 꼬마 소년 닐스가 거위 몰텐을 타고 여행하는 동안 벌어지는 여러 사건과 함께 스웨덴의 역사와 지리에 관한 이야기가 곁들여진다. 그래서 지금도 스웨덴의 20크로너 짜리 지폐 앞면에는 셀마 라게를뢰프의 초상이, 뒷면에는 몰텐을 타고 날아가는 닐스의 모습이 그려져 있다. 1906년 셀마 라게를뢰프는 여성으로서는 최초로 노벨 문학상을 받았다.

《라 퐁텐 우화》 | 라 퐁텐(1621-1695)

〈개미와 베짱이〉는 누구나 아는 얘기다. 그 우화를 만든 사람이 바로 라 퐁텐이다. 라 퐁텐은 루이 14세 시대에 활약한 프랑스의 대표적 시인이자 우화 작가다. 그가 남긴 우화는 약 240편이다. 그의 우화집 첫머리는 〈이솝의 생애〉로 시작한다. 거짓을 통해 사실보다 더한 진실을 설파하고, 웃고 즐기는 사이 자신도 모르게 마음속에 미덕을 가꾸어 나가는 법을 가르쳐 주는 것이 그의 우화다.

《로빙화》 | 중자오정(1925-2020)

로빙화는 여름에만 피는 예쁜 식물이다. 이 꽃은 생명이 짧아 금방 시들고 마는데, 농부들은 이것을 따서 차나무 밑에 묶는다. 그러면 로빙화는 좋은 거름이 되어 차잎이 무성하게 자란다. 하지만 이 꽃은 이미 멸종해 이 세상에서 자취를 감추고 말았다.
《로빙화》는 대만의 시골 초등학교를 무대로 펼쳐지는 슬픈 이야기다. 주인공 고아명은 그림에 천재적 재능을 가지고 있었으나 로빙화처럼 일찍 죽는다. 영화 〈로빙화〉도 많은 사람들을 울렸는데, 1989년 베를린 영화제에서 특별상을 수상하기도 했다.

《마지막 수업》 | 알퐁스 도데(1840-1897)

프랑스 님므에서 태어난 도데도 빈곤한 아버지 때문에 지독히 어렵게 자랐다. 그러나 그의 문학적 재능은 가난도 막을 수 없었다. 도데가 처음 시와 소설을 쓴 것은 열네 살 때다. 재치 있고 감성적인 도데는 어려움을 극복하고 파리에서 작가로서의 자리를 굳혔다. 그리고 말년에는 젊은 작가의 후원자가 되기도 했는데, 마르셀 프루스트도 그의 도움을 받았다. 그러다 어느 날 갑자기 그는 이 세상을 떠나고 말았다.
도데는 특히 아름다운 단편 소설로 유명하다. 〈마지막 수업〉도 〈별〉과 함께 그의 보석같은 단편들 중 하나다.

《마틴 루터 킹》 | 권태선(1955-)

마틴 루터 킹 목사는 미국의 흑백 차별에 맞서 싸우다 암살당한 인권운동가다. 그의 일생에 관한 이야기는 그의 자서전《나에게는 꿈이 있습니다》 등을 통해 잘 읽을 수 있다.
우리나라에 어린이용으로 만들어진 킹 목사에 관한 책으로는 권태선의《마틴 루터 킹》을 꼽을 수 있다. 권태선은 경북 안동에서 태어나 서울대 영어교육과를 졸업했다.

《말괄량이 삐삐》 | 아스트리트 린드그렘(1907-2002)

삐삐의 원래 이름은 삐삐로타 델리카테사 윈도셰이드 맥크랠민트 에프레임즈 도우터 롱스타킹이다. 이 엄청나게 긴 이름을 그대로 외울 수 없을 것 같아 그냥 '삐삐'라고 부른다. 아스트리트 린드그렘은 스웨덴 남부의 빔메르비에서 태어났는데, 열아홉 처녀의 몸으로 아이를 낳고는 스톡홀름으로 도망쳤다. 도시에서 아이를 기르며 겪은 어려웠던 경험은 훗날 글 쓰는 데 큰 힘이 되었다.

삐삐의 탄생은 우연이었다. 병으로 몇 달 동안 침대에 누워 있던 어린 딸 카린이 어느 날, 마치 헛소리를 하듯 '삐삐 롱스타킹' 이야기를 해달라고 졸랐다. 말솜씨가 뛰어난 린드그렘은 즉석에서 삐삐 모험담을 이야기로 꾸며 들려 주었다. 그리고 3년 뒤 빙판길에 미끄러져 발목을 다쳐 걷지 못하는 2주일 동안 삐삐 이야기를 책으로 썼다. 린드그렘은 자신의 어린 시절을 이렇게 말했다. "자연의 품에서 놀고 또 놀았다. 어찌나 신나게 놀았던지 놀다가 죽지 않은 게 신기할 정도였다."

〈머슴 에멜리안과 북〉 〈훌륭한 재판관〉 | 레프 니콜라예비치 톨스토이(1828-1910)

한때 방탕한 생활에 젖었던 톨스토이는 고향인 야스나야 팔랴나로 돌아가 농민들과 어울려 직접 농사일을 하기도 하고 학교를 세워 가르치는 데 앞장서기도 했다. 그때 사람들을 계몽하기 위해 동화 형식의 글을 쓰기도 하고, 예로부터 전해오던 러시아 민화를 정리하여 발표하기도 했다. 그 덕분에 우리는 그의 대표적 소설들을 읽기 전에도 짧은 이야기들을 통해 톨스토이를 만날 수 있다. 〈머슴 에멜리안과 북〉이나 〈훌륭한 재판관〉도 그때 쓴 동화들이다. 그렇지만 그 내용은 지금 받아들이기에 곤란한 것들이 많이 있다.

《메리 포핀스》 | 패멀라 린든 트래버스(1899-1996)

트래버스는 오스트레일리아에서 태어났지만, 오스카 와일드와 같은 아일랜드의 핏줄을 이어받은 이민 2세다. 그녀는 열아홉 살에 자신의 뿌리를 찾아 영국으로 건너가 재봉사, 무용사, 배우 등의 직업을 전전하며 돈을 벌었다.《메리 포핀스》는 1934년에 쓰기 시작했는데, 반응이 좋아 시리즈로 계속 썼다. 줄리 앤드류스가 주연한 영화 〈메리 포핀스〉도 유명하다.

《몽실 언니》 | 권정생(1937-2007)

권정생은 일본 도쿄에서 태어나 광복 직후 귀국하였다. 조선일보 신춘문예를 통해 동화 작가로 우리 앞에 나타난 이후 많은 작품을 썼다. 그의 장편 동화《몽실언니》는 바로 지난날 한국의 모든 여자들의 이야기라고도 할 수 있다. 마지막에 어른이 된 몽실이가 결핵 요양소에 있는 동생 난남이에게《안네의 일기》를 가져다 줄 때가 생각난다. "난남은 안네를 사랑했다. 그리고 자신도, 몽실이도, 죽은 금년이 아줌마도, 한국의 모든 여자들은 안네 같다고 생각했다." 수많은 사람들을 울린 이야기다.

《몬테크리스토 백작》 | 알렉상드르 뒤마(1802-1870)

프랑스 북쪽의 작은 마을에서 태어난 뒤마는 네 살 때 아버지를 잃고 담배 가게를 꾸려가는 어머니와 함께 어렵게 살았다. 그러나 자연 속에서 건강하게 자라 무한한 상상력을 키울 수 있었다.

《삼총사》와《철가면》으로 소개된《브랑쥐론 자작》은 그의 대표작이다. 그리고 우리가《암굴왕》이라고도 하는《몬테크리스토 백작》은 원래 엄청나게 긴 소설인데, 복수를 향한 에드몽 당테스의 집념을 흥미진진하게 표현하고 있다. 뒤마는 파리에서 벌어진 실제 사건의 기록을 토대로 이 복수극을 썼다.

뒤마의 아들도 작가였는데, 오페라로 더 유명한《춘희》의 저자다. 아버지와 아들의 이름이 같아서 보통 큰 뒤마 작은 뒤마로 구별해서 부른다.

〈별 아기의 여행〉 | 이원수(1911-1981)

이원수는 경남 양산에서 태어나 마산상고를 졸업하고 1945년에 서울로 와서 고등학교 교사가 되었다. 우리가 즐겨 부르는 〈고향의 봄〉은 그가 열다섯 살 때 쓴 동요인데, 어린이 잡지 《어린이》를 통해 방정환이 뽑은 것이다. 마산 성호 공원에는 〈고향의 봄〉 노래비가, 서울 어린이 대공원에는 이원수 문학비가 세워져 있다. 〈별 아기의 여행〉은 그의 수백 편의 동화 중 한 편이다.

〈브레멘의 음악대〉 | 야콥 그림(1785-1863) — 빌헬름 그림(1786-1859)

〈브레멘의 음악대〉는 《그림 동화집》의 200여 편의 동화 중 하나다. 물론 《그림 동화집》이란 그림이 들어 있는 동화집이 아니라 독일의 그림 형제가 수집한 동화집이다. 야콥과 빌헴름 두 형제는 독일에서 전해내려 오는 이야기를 충실하게 수집하였는데, 마지막 동화집을 낼 때는 모두 210편이었으나 그들이 죽고 난 뒤 새로운 원고가 더 발견되기도 했다. 이 완벽한 동화집은 세계 각 나라로 퍼져, 성경 다음으로 많이 번역된 책이라는 평가를 받기도 했다. 〈라푼첼〉, 〈헨젤과 그레텔〉, 〈백설공주〉 등도 그 동화집 속의 한 편에 불과하다.

《비밀의 화원》 | 프랜시스 호즈슨 버넷(1849-1924)

영국 맨체스터에서 태어난 미국 작가 버넷은 19세기 말에서 20세기 초까지 가장 많은 인기를 누렸다. 《소공자》와 《소공녀》만 떠올려도 짐작할 수 있다. 버넷은 가난 때문에 글을 쓰기 시작했는데, 영국에서 보낸 어린 시절의 경험들이 어린이들을 위한 동화의 소중한 소재가 되었다. 《비밀의 화원》도 영화로 익숙하다.

《사랑의 요정》 | 조르주 상드(1804-1876)

폴란드 왕가의 일족인 아버지와 파리 센 강변 새장수의 딸인 어머니 사이에 태어났을 때 그녀의 이름은 오로르 뒤팽이었다. 열여덟 살에 뒤드방 남작과 결혼했으나 순탄하지 못해 결국 9년 만에 이혼했다. 두 아이를 데리고 파리로 가서 신문 기자 생활을 하며 글을 쓰기 시작했는데, 그때부터 조르주 상드라는 이름을 사용했다. 100권이 넘는 소설을 쓰는 사이에 손자들을 위한 동화도 만들었다. 남자 쌍둥이 이야기 《사랑의 요정》도 그래서 탄생한 것이다. 상드는 피아니스트 쇼팽과 깊은 사랑에 빠지기도 했다.

《사랑의 학교》 | 에드몬도 데 아미치스(1846-1908)

아미치스는 이탈리아 육군사관학교를 졸업하고 이탈리아 통일 전쟁에 참여한 뒤 신문 기자 생활을 하면서 글을 썼다. 그의 대표작으로 꼽히는 《사랑의 학교》의 원래 제목은 '쿠오레'인데, 이탈리아어로 '마음'이란 뜻이다. 《사랑의 학교》는 주인공 엔리코가 바레티 학교 4학년에 다니면서 일 년 동안 일어났던 얘기들을 일기 형식으로 엮어 놓은 아주 긴 이야기이다. 여기에는 매달 하나씩 담임선생님이 들려 주는 이야기도 들어 있는데, 무척 재미있다. 페르보니 선생님이 5월의 이야기로 해준 것이 〈아펜니니 산맥에서 안데스 산맥까지〉인데, 안타까운 순간들이 손에 땀을 쥐게 하는 이 이야기는 우리에게 〈엄마 찾아 삼만 리〉로 유명하다.

《아이들이 심판하는 나라》 | 야누스 코르착(1878-1942)

헨릭 골드스미트는 폴란드 바르샤바에서 태어났다. 아버지는 성공한 변호사였는데 정신병으로 사망했다. 그래서 그는 스스로 가족의 생계를 책임져야 했다. 그때 그는 어린이들을 위해 일생을 바치기로 결심하고, 그 목표를 위해 소아과 의사가 되기로 했다. 의과 대학에 다니던 스무 살 때 야누스 코르착이란 이름을 사용하며 글을 쓰기 시작했다.

코르착은 아버지의 정신병이 유전될까 두려워 결혼을 포기했다. 대신 다른 모든 어린이들을 자식처럼 생각했다. 서른네 살의 나이에 바르샤바에 있는 유대인 고아원의 원장이 되어 수백 명의 아이들을 보살폈다. 그는 아이들은 스스로 모든 일을 결정할 권리가 있다고 확신한 사람이다. 그리하여 죽는 날까지 아이들을 위해 살았다. 유대인이란 이유로 나치스에 끌려가 트레블린카의 독가스실에서 죽어갈 때도 어린이들과 함께 있었다.

《아이들이 심판하는 나라》는 아이가 자신의 왕국을 개혁하고 나머지 세상까지 개혁하려는 의지를 그리고 있는 재미있는 동화다. 이 책에 나오는 주인공은 세상의 불의에 맞서 용감하게 싸운다. 그리고 어른들을 믿으려 노력하지만 결국 실망하고 만다.

《안네의 일기》 | 안네 프랑크(1929-1945)

안네는 독일 프랑크푸르트에서 유대인 가정의 둘째 딸로 태어났는데, 히틀러가 집권하자 가족이 모두 네덜란드 암스테르담으로 이사했다. 독일군이 네덜란드까지 점령하자 안네 가족은 아버지가 차린 회사 사무실 다락방에 숨어 2년 동안 살았다. 안네는 다락방에 숨기 한 달 전부터 일기를 쓰기 시작했다. 체크 무늬 일기장에 키티라는 이름까지 붙이고, 오직 일기장을 자기 마음을 털어 놓을 수 있는 유일한 친구로 삼았다. 그리고 1944년 독일군에게 발각되기 4일 전까지 일기를 계속 썼다. 독일군들이 다락방에 들이닥쳤을 때 아래층 사무실 직원 두 사람이 안네의 일기장을 빼돌려 오늘까지 남은 것이다. 안네는 결국 수용소에 끌려가 다음 해 병으로 사망했다.

《어린 왕자》 | 생텍쥐페리(1900-1944)

프랑스 리옹에서 태어날 때 그의 온전한 이름은 앙투안 장 밥티스트 마리 로제 드

생텍쥐페리였다. 네 살 때 아버지가 괴한에게 습격당해 사망하자, 그의 어머니는 안데르센의 동화를 읽어 주며 다섯 남매를 키웠다. 어린 시절 생텍쥐페리는 동생이 지켜보는 가운데 자전거에 돛을 달고 장딴지와 바람의 힘으로 하늘을 나는 실험을 했다. 마치 레오나르도 다빈치처럼, 그는 어려서부터 하늘을 날고 싶은 꿈이 있었다.
2년 연속 해군사관학교 시험에 떨어지고, 결국 스트라스부르 비행 부대의 지상근무병이 되었다. 거기서 규정을 어겨 가며 기어이 조종사 자격을 따냈고, 직업 비행사가 되어 창공을 누비는 사이에 줄기차게 글을 썼다. 그의 대표작《어린 왕자》는 1943년에야 서점에 나왔다. 그림 그리는 일이 더뎠기 때문이다.《메리 포핀스》를 쓴 트래버스는 "별을 보고 길을 찾는 모든 이들과 비행사들의 책들 틈에서《어린 왕자》같은 동화가 아직 튀어나올 수 있다면, 독일의 그림 형제가 없다고 슬퍼할 필요는 없을 것이다"라고 했다.
1944년 7월 스스로 '필요하면서도 뻔뻔스런 일'이라 표현한 전쟁 때문에 정찰대로 돌아가서 마지막 비행 임무를 받았다. 그러나 아침 8시 30분에 이륙한 그는, 마치 자신의 별로 가버린 것처럼 영원히 돌아오지 않았다.

《올리버 트위스트》 | 찰스 디킨스(1812-1870)

찰스 디킨스를 전 세계를 통틀어 역사상 가장 높은 인기를 누리는 소설가라고 하기도 한다. 그는 웬만한 사람이 평생을 두고 읽을 만한 엄청난 분량의 이야기를 썼다.《올리버 트위스트》도 그의 장편 소설 중 하나다.《크리스마스 캐럴》과 함께 뮤지컬이나 영화로도 유명하고, 어린이용 동화로 각색되기도 했다.《올리버 트위스트》는 런던의 더러운 구석을 들추어 냈다고 비난하는 사람들이 있었다. 거기에 대해 디킨스는 "가장 지독한 악에서 가장 순수한 선에 대한 교훈이 나온다"고 대답했다.
런던의 도우티 가 48번지는 디킨스가 2년간 살던 집인데, 지금은 디킨스 박물관이 되었다.《올리버 트위스트》도 그 집 2층에서 완성했다. 왕성한 이야기꾼 디킨스는

1870년 6월 7일 하루 종일 원고를 쓴 뒤 쓰러져 다음날 사망했다.

《우리는 바다를 보러 간다》 | 린하이윈(1918-2001)

린하이윈은 대만의 인기 작가인데, 일본에서 태어나 중국 베이징에서 자랐다. 그녀의 기억 속에는 항상 베이징의 어린 시절이 남아 있었다. 대만으로 건너가 많은 세월이 흘렀다. 계절은 바뀌면서도 기다리면 항상 되돌아왔지만, 어린 시절은 다시 돌아오는 법이 없었다. 그래서 그 어린 시절을 자신의 마음속에 영원히 간직하기 위해 두 권의 〈북경 이야기〉를 썼다. 1권은《우리는 바다를 보러 간다》이고, 2권은《아버지의 꽃은 지고 나는 이제 어린애가 아니다》이다. 1920년 베이징을 무대로 한 어린 소녀 잉쯔의 이야기도 아련하지만, 삽화로 곁들여진 관웨이싱의 수채화도 정말 아름답다.

《위대한 마법사 오즈》 | 라이먼 프랭크 바움(1856-1919)

미국 뉴욕 부근 출신인 바움은 신문사와 잡지사에서 일하다가 마흔 살이 되어 동화를 쓰기 시작했다. 같은 나이의 윌리엄 월리스 댄슬로우의 그림과 함께 펴낸 도로시 이야기를 처음에 '에메랄드 도시'라고 제목을 정했으나 출판사의 반대로《위대한 마법사 오즈》라고 고쳤다. 흔히 '오즈의 마법사'라고 하는데, 이는 당연히 잘못된 번역이다. 도로시와 함께 하는 이 신나는 여행 이야기를 끝까지 읽으면 중요한 사실 하나를 깨닫는다. 진짜 마법사 오즈는 오직 자기 자신이라는 것을.

〈이노크 아든〉 | 알프레드 테니슨(1809-1892)

알프레드 테니슨은 영국 링컨셔에서 12남매 중 넷째로 태어났다. 어린 시절 그의 친구는 아름다운 자연이었다. 자연에 대한 그의 감수성은 거의 천부적인 것이어서, 주변의 풀과 나무, 들, 하늘, 흐르는 꽃에 무한한 애정을 느꼈고, 야생 동물들과도 쉽게 친해지는 재능을 가졌다. 어느 여름날 밤, 창문을 열어 놓고 올빼미를 자기 침실로 불러들이는 데 성공하기도 했다. 그리고 길을 들여 친구가 되었다.

시에도 천재성을 보였다. 열세 살에 무려 6,000행이 넘는 서사시를 완성했고, 캠브리지 대학 시절에도 시로 최고상을 받았다. 〈이노크 아든〉은 쉰다섯 살에 쓴 장시다. 테니슨이 인기 절정에 있을 때였으며, 〈이노크 아든〉 역시 엄청나게 팔렸다. 〈이노크 아든〉은 영국 어느 바닷가 마을을 무대로 한 슬픈 사랑의 이야기다. 이 애절한 시는 어린이들에겐 동화처럼 읽히기도 한다.

《이상한 나라의 앨리스》, 《거울 나라의 앨리스》 | 루이스 캐롤(1832-1898)

찰스 루트위지 도지슨은 영국 옥스퍼드 대학에서 수학을 전공했다. 성적이 뛰어나 졸업 시험에서 1등을 했고, 이어서 그 학교의 수학 교수가 됐다. 그러나 그는 수학뿐 아니라 세상만사에 관심이 많았다. 여러 잡지에 글을 쓰기 시작하면서 편집자의 권유로 필명을 사용하기로 했다. 고심 끝에 어머니와 자신의 이름 철자를 뒤죽박죽으로 섞어 만든 것이 바로 '루이스 캐롤'이다.

루이스 캐롤이 카메라를 가진 것이 스물네 살 때였는데, 이것도 하나의 사건이 된다. 그는 어린이들을 즐겨 촬영했는데, 근무하던 대학 학장 헨리 조지 리델의 딸들이 단골 모델이었다. 그중 앨리스 리델은 캐롤에게 '눈부신 황금빛 오후'와 같은 영감을 주었고, 드디어 《이상한 나라의 앨리스》가 탄생했다. 이 환상 동화는 어떤 순간에도 지혜를 던져 주는 듯한 최고의 이야기다. 《거울 나라의 앨리스》는 그로부터 6년 뒤에 나왔다.

《이솝 우화》 | 이솝(BC 6세기 초-BC 564)

우리는 누구나 이솝을 알지만, 이솝에 대해 확실하게 아는 것이라곤 아무것도 없다. 기원전 6세기에 태어나 대략 기원전 564년경에 사망한 것으로 추정한다. 지중해와

흑해 사이에 끼인 서아시아의 반도 지역에 위치했던 고대 국가 프리지아 출생이고, 사모스 섬에서 노예 생활을 했으며, 그의 재치를 높이 산 주인이 자유인으로 해방시켜 주었으나, 그를 시기한 델피 사람들이 제기를 훔친 누명을 덮어씌워 낭떠러지에서 떨어뜨리는 처형을 당했다. 그리스식 이름은 아이소포스이고, 이솝은 영어식 발음이다. 사람 얼굴이라고 하기 어려울 정도로 흉하고 추한 용모를 지녔으나, 참된 지혜를 가르친 현자가 바로 이솝이다.

《인간 희극》 | 윌리엄 사로얀(1908-1981)

윌리엄 사로얀은 아르메니아 출신으로 미국으로 이민 간 가족의 2세다. 두 살 때 아버지를 여의고 갖은 고생을 겪었지만, 결국 아버지가 남긴 글의 영향을 받아 작가로 성공했다. 훗날 《네 인생의 시간》이란 희곡이 퓰리처 상 수상작으로 결정되었으나, 문학의 상업화를 반대한다는 이유로 수상을 거부하기도 했다. 사로얀은 미국 문학사에서 크게 평가받는 작가는 아니지만, 그의 《인간 희극》은 동화보다 아름답고 소설보다 감동적인 사람들의 이야기다.

〈인어 공주〉, 〈성냥팔이 소녀〉, 〈미운 오리 새끼〉 | 안데르센(1805-1875)

동화하면 가장 먼저 떠오르는 이름이 안데르센이다. 안데르센이란 이름 자체가 동화와 같은 의미로 다가올 정도다. 한스 크리스티안 안데르센은 덴마크 코펜하겐에서 조금 떨어진 퓐 섬의 오덴세에서 가난한 신기료장수 아들로 태어났다. 안데르센은 인어 공주와 비슷한 나이에 코펜하겐으로 가서 약 200편의 동화를 남겼다. 그는 스스로 자신의 인생이 한 편의 동화였다고 했다. “나는 이상하게 꿈꾸는 듯한 아이였다. 자주 두 눈을 꼭 감은 채 걸었으므로, 사람들은 내가 시력이 약한 줄 알았다.”

《작은 아씨들》 | 루이자 메이 올컷(1832-1888)

브론슨 올컷이라는 남자가 애비게일 메이라는 여자와 결혼하여 네 딸을 두었는데, 그중 둘째가 루이자다. 브론슨 올컷은 독특한 방식으로 아이들을 교육하고 함께 생활 공동체를 꾸려 가는 데 관심이 많았으나, 성공하지는 못했다. 그래서 네 딸을 데리고 미국의 콩코드라는 작은 도시로 갔는데, 거기서 랠프 왈도 에머슨이나 헨리 데이빗 소로우를 만났다. 네 자매는 소로우한테서 교육도 받았고, 가족과 함께 집안일을 했고, 달빛 아래서 스케이트를 탔으며, 월든 호수로 피크닉을 다녔다. 그러나 항상 가난했다.

루이자는 문학에 재능이 있었다. 에머슨의 도서관에 가서 워즈워스의 시와 디킨스의 소설을 읽었다. 그리고 어느 날 자신을 포함한 네 자매를 주인공으로 《작은 아씨들》을 썼다. 책이 인기를 끌면서 돈이 생겨 가족들은 좀더 행복한 시간을 가질 수 있었다. 《작은 아씨들》 속의 조는 바로 루이자 자신인 것이다. 루이자는 훗날 형부가 사망하자 언니 안나의 두 아들을 위해 《작은 신사들》이란 소설도 썼다.

《천사의 간지럼》 | 수산나 타마로(1957-)

수산나 타마로는 이탈리아 트리에스터에서 태어났고, 로마에서 영화를 공부했다. 책을 쓰기 시작한 것은 이탈리아 국영 방송국에서 동물에 관한 다큐멘터리를 제작하면서부터다. 《천사의 간지럼》은 널리 알려지진 않았지만, 아주 색다른 느낌을 주는 사랑스런 동화다. 주인공 마르티나는 유일한 친구 할아버지로부터 사물과 대화를 나누는 방법을 배우고는 사물들과 새 친구가 되는데, 《나의 라임 오렌지 나무》의 제제를 생각나게 한다.

아주머니의 나이가 된 타마로는 지금 시골에서 개와 고양이를 키우며 살고 있다.

《키다리 아저씨》 | 진 웹스터(1876-1916)

진 웹스터는 미국 뉴욕 주의 배서 여자대학에서 영문학과 경제학을 공부했다. 학교 시절에 신문 기자 활동을 했고, 교내 문학 잡지에 단편 소설을 발표하기도 했다. 《키다리 아저씨》는 대학 졸업 후에 쓴 그녀의 대표작이다. 아름다운 세상, 아름다운 이야기는 결코 먼 곳에 있지 않다는 생각이 녹아 있는 훈훈한 작품이다.
웹스터는 마흔 살이 돼서야 글렌포드 매키니라는 변호사와 결혼했다. 그러나 그다음 해 여름에 딸을 하나 낳고 젊은 나이에 사망했다. 그녀가 더 오래 살았다면 더 많은 이야기를 남겼을 것이다.

《톰 아저씨의 오두막》 | 해리엇 비처 스토(1811-1896)

해리엇 엘리자베스 비처는 스물다섯 살에 가난한 종교학자 캘빈 스토와 결혼하여 7남매를 낳았다. 그래서 우리는 그녀를 스토 부인이라 부른다. 스토 부인은 신시내티에 살 때 오하이오 강을 건너 탈출하는 노예들을 본 적이 있었다. 그 장면이 항상 머릿속을 떠나지 않았다. 남동생 헨리가 노예 해방을 위한 모금 운동을 하고 있을 때 교회에서 기도하던 스토 부인에게 어떤 영감이 떠올랐다. 밤새 간단한 이야기를 만들어 아이들에게 읽어 주자 아이들이 울었다. 귀가한 남편에게도 보여 주자 남편도 울었다. 그래서 그 이야기를 잡지에 싣게 되었는데, 그게 바로《톰 아저씨의 오두막》이다. 영국 시인 엘리자베스 바렛 브라우닝은 "그 소설은 나로 하여금 인간으로서, 그리고 여자로서의 기쁨을 느끼게 한다"고 했다. 독일 시인 하인리히 하이네와 프랑스 소설가 조르주 상드는 "성경 이래 가장 위대한 책"이라고 격찬했다.

《파랑새》 | 모리스 마테를링크(1862-1949)

마테를링크는 벨기에의 시인이자 극작가다. 그는 프랑스어로 많은 작품을 썼는데, 1911년에 노벨 문학상을 받기도 했다. 《파랑새》도 어린이를 위한 희곡이다. 행복을 상징하는 파랑새를 찾아 떠나는 틸틸과 미틸의 이야기는 1908년 모스크바 예술극장에서 제일 먼저 상연됐다. 마테를링크는 1949년 5월 프랑스의 니스에서 사망했다.

《프랑켄슈타인》 | 메리 셸리(1797-1851)

이 무시무시한 이야기를 시인의 아리따운 아내가 썼다면 믿을 수 있을까? 메리는 영국 시인 셸리와 결혼했다. 셸리의 〈서풍부〉 한 구절, "겨울이 오면 봄은 멀지 않으리"는 우리의 입에 익었다. 셸리 부부는 1816년 여름 스위스 제네바 부근에서 휴가를 즐기고 있었다. 마침 이웃에는 시인 바이런이 머물고 있었다. 비 오는 어느 밤 그들은 불을 지피고 모여 앉아 유령 이야기를 하나씩 하기로 했다. 메리는 죽은 시체가 전기 충격으로 생명을 얻어 움직이는 이야기를 만들어냈다. 모두들 재미있다고 박수를 보냈다. 남편 셸리는 그 이야기를 길게 소설로 써 보라고 권했다. 그리고 이듬해《프랑켄슈타인》이 탄생했다.

《플란다스의 개》 | 위다(1839-1908)

《플란다스의 개》의 배경은 벨기에의 플란다스 지방이다. 그러나 이 동화를 쓴 위다는 영국 사람이다. 아버지가 프랑스 사람이었기 때문에 원래 이름은 마리 루이스 드 라 라메다. 그런데 어려서 루이스라는 발음을 제대로 못해 위다라고 했는데, 그것이 필명으로 굳어 버렸다. 그녀는 어릴 때부터 책읽기를 좋아했고 글쓰기는 스무 살 때부터 시작했다. 특히 지중해 지방의 아름다운 자연을 동경했는데, 결국 서른다섯 살 때 이탈리아 피렌체로 가서 살았다.

《피노키오의 모험》 | 콜로디(1826-1890)

피노키오를 만든 사람은 제페토 할아버지다. 그렇다면 피노키오와 제페토, 그리고 제페토에게 나무토막을 준 버찌 할아버지까지 모두 만들어낸 사람은 콜로디다. 콜로디는 이탈리아의 피렌체 타데아 거리 21번지에서 태어났는데, 그의 원래 이름은 카를로 로렌치니다. 신문사에서 일하다가 나이가 많이 들어 동화를 쓰기 시작했다. 쉰네 살 때 어린이 잡지에 〈꼭두각시 인형의 이야기〉란 제목으로 피노키오 이야기를 연재했다. 어린이들로부터 폭발적인 인기를 얻자 처음 예정했던 것보다 더 늘려 계속 쓸 수밖에 없었다. 그것을 모아 《피노키오의 모험》이란 제목으로 책을 냈다. 책이 완성되자 그는 카를로 대신 콜로디라는 이름으로 서명했다. 콜로디는 그의 어머니 안지올리나의 고향이다. 카를로는 어린 시절 어머니를 따라 콜로디로 가서 오랫동안 머물렀는데, 그때의 향수를 이기지 못해 그의 대표작에 어머니의 고향 이름을 쓴 것이다. 지금도 피사와 피렌체 중간쯤에 있는 작은 마을 콜로디에 가면 피노키오의 공원이 있다. 그 공원 안에서는 《피노키오의 모험》에 나오는 모든 등장 인물들을 만날 수 있다.

《피터 팬》 | 제임스 매튜 배리(1860-1937)

배리는 스코틀랜드에서 태어나 그곳 에든버러 대학에서 공부했다. 어려서부터 연극을 좋아했는데, 《피터 팬》도 연극 대본으로 쓴 희곡이다. 그가 여섯 살 때 열세 살의 형이 죽었는데, 이 일은 배리에게 큰 충격을 주었다. 그래서 열세 살의 아이가 더 자라는 것을 거부한 인물을 만들어냈는데, 바로 피터 팬이다. 《피터 팬》은 1894년 실비아라는 여자의 두 아들에게 처음 얘기해 주었고, 1904년에 희곡으로 완성했으며, 1911년에 책으로 펴낼 때는 제목을 《피터와 웬디》라고 했다. 런던의 하이드 파크에 붙어 있는 켄싱턴 가든 호숫가에 피터 팬 상이 서 있다.

《하늘을 나는 교실》 | 에리히 캐스트너(1899-1974)

《하늘을 나는 교실》은 피터 팬처럼 공중을 날아다니는 신나는 이야기책이 아니다.

우리 모두가 경험할 수 있는 다양한 친구들이 모여 있는 평범한 학교 얘기다. 제목은 책 속에 등장하는 한 학생이 쓴 연극 대본의 제목을 딴 것이다. 캐스트너는 시도 쓰고 비극적 소설도 썼다. 그리고 교사로서 학생들을 가르치며 많은 동화도 썼다. 《에밀과 탐정들》은 연극과 영화로도 널리 알려졌다. 우리에게 가장 친숙한 《하늘을 나는 교실》은 학교를 무대로 인간들이 사는 세상을 이야기하고 있다. 그리고 어린 사람을 무턱대고 착한 존재로만 만들고 솜사탕처럼 달콤한 이야기로만 가득 차 있는 동화를 배격한다. 아이들의 진정한 기쁨과 고민과 갈등을 표현하고 있다. 어떻게 보면, '가장 훌륭한'이란 수식어를 앞에 붙여 주고 싶은 동화다.

《해리 포터》 | 조앤 캐서린 롤링(1965-)

영국 웨일스 지방 시골에서 태어난 조앤 롤링은 대학에서 프랑스 문학을 공부했고, 포르투갈에서 영어 강사로 지내다가 결혼했으나 곧 이혼했다. 4개월 된 딸을 데리고 스코틀랜드 지방 에든버러에서 어렵게 살았다. 일 년이 넘게 일자리를 구하지 못해 생활보조금으로 살아가다 동화를 쓰기로 결심했다.
어린이용 환상 모험 소설이라 할 수 있는 《해리 포터》 시리즈는 발간과 함께 그 문학성 여부와 관계없이 전 세계를 흥분시켰다. 그리고 그녀는 순식간에 억만장자가 되었다.

〈행복한 왕자〉 | 오스카 와일드(1854-1900)

오스카 핑걸 오플레어티 윌스 와일드라는 긴 이름의 사나이는 아일랜드 더블린에서 태어나 옥스퍼드 대학을 다녔고 프랑스 파리에서 사망했다. 시인이자 극작가인 그는 작품에서만 아름다움을 추구한 것이 아니라, 옷치장도 만만치 않았다. 옷깃에 해바라기꽃을 꽂고, 머리에는 모자를 얹고, 손에는 하얀 상아지팡이를 들고 다녔다. 그는 두 아들 비비언과 시릴을 위해 아홉 편의 동화를 만들었다. 그중의 하나가 〈행복한 왕자〉인데, 아마 세상에서 가장 아름다운 동화가 아닐까 싶다. 비비언은 훗날 《오스카 와일드의 아들》이란 책을 썼는데, 아버지는 두 아들을 데리고 놀다 싫증이 나면 동화를 들려 주어 조용하게 만들었다고 회고했다.

《허클베리 핀의 모험》 | 마크 트웨인(1835-1910)

미국 문학사에서 마크 트웨인의 지위는 확고부동하다. 미국 작가 세 명을 꼽으라고 하면 분명 사무얼 랭혼 클레멘스의 미주리 주 출신의 촌놈은 반드시 들어갈 것이다. 미시시피 강 서쪽에서 태어난 그는 미시시피 강을 무대로 미국의 이야기를 썼다. 그중《톰 소여의 모험》과《허클베리 핀의 모험》 그리고《왕자와 거지》는 동화로 각색되어 어린이들의 친구가 된 지 오래다.
마크 트웨인도 가난에 시달렸다. 한때 자살까지 생각했을 정도였다. 그런데《시골뜨기의 해외 여행기》란 책이 스토 부인의《톰 아저씨의 오두막》에 버금갈 정도로 팔리면서 형편이 나아지기 시작했다. 그는 1871년부터 하트퍼드에 살았는데, 바로 이웃에 스토 부인의 집이 있었다. 지금 마크 트웨인의 기념관이 된 그 집에서《허클베리 핀의 모험》을 비롯한 대부분의 대표작들을 썼다.

《홍당무》 | 쥘 르나르(1864-1910)

살롱 쉴르 마이엔느라는 프랑스의 작은 마을에서 태어난 르나르는 파리에서 창고 회사 서기와 가정 교사 등을 하며 어렵게 살았다. 그러다 결혼을 하고서야 안정을 찾아 글도 쓸 수 있었다.《홍당무》는 자신의 소년 시절 체험을 바탕으로 쓴 작품이다. 밉고 주근깨투성이에 불결하면서 잔혹하기도 한 소년이 주인공인데, 홍당무는 머리털이 빨갛기 때문에 붙여진 별명이다. 그래서 원래 소설의 제목을 그대로 번역하면 '당근 털'이다. 이 소설은 주인공 홍당무의 괴짜 같은 행동뿐 아니라, 그것을 표현하는 르나르의 기막힌 문장 때문에 읽는 사람에게 즐거움을 준다.

청소년을 위한 존엄성 수업

초판 1쇄 발행　2020년 10월 27일
초판 3쇄 발행　2021년 12월 2일

지은이　차병직

펴낸곳　(주)바다출판사
발행인　김인호
주소　서울시 마포구 어울마당로5길 17 5층(서교동)
전화　322-3885(편집), 322-3575(마케팅)
팩스　322-3858
E-mail　badabooks@daum.net
홈페이지　www.badabooks.co.kr

ISBN　979-11-89932-85-5 43300